U0539471

One brave step beats endless struggle.

掙扎一萬次，不如勇敢一次

大麥 著

目錄
Contents

第 1 章 當人生進入黑夜

- ◆請不要停下來，你的人生不可能就這樣了 ⋯⋯⋯⋯ 008
- ◆請你務必，千次萬次，為自己挺身而出 ⋯⋯⋯⋯ 015
- ◆我們要走的路，終會繁花似錦 ⋯⋯⋯⋯⋯⋯⋯⋯ 022
- ◆不一定是逆風翻盤，但一定要向陽而生 ⋯⋯⋯⋯ 029
- ◆請在每個當下，全力以赴去快樂 ⋯⋯⋯⋯⋯⋯⋯ 036

第 2 章 在痛裡安靜成長

- ◆行動，是打敗焦慮最好的方法 ⋯⋯⋯⋯⋯⋯⋯⋯ 046
- ◆下定決心活出自己的精彩 ⋯⋯⋯⋯⋯⋯⋯⋯⋯⋯ 056
- ◆沒人能否定你，你自己也不可以 ⋯⋯⋯⋯⋯⋯⋯ 065
- ◆總不能還沒努力，就向命運妥協吧 ⋯⋯⋯⋯⋯⋯ 075
- ◆成敗未定，你我都是黑馬 ⋯⋯⋯⋯⋯⋯⋯⋯⋯⋯ 084
- ◆山腳人太多，我們山頂見 ⋯⋯⋯⋯⋯⋯⋯⋯⋯⋯ 093

第 3 章　擁抱自己的脆弱

- ◆人生只有一個方向，那就是前方 ⋯⋯⋯⋯ 102
- ◆讓過去過去，讓開始開始 ⋯⋯⋯⋯⋯⋯⋯ 110
- ◆一無所知的世界，走下去才有驚喜 ⋯⋯⋯ 119
- ◆當你快扛不住的時候，困難也快扛不住了 ⋯ 126
- ◆別讓昨天的大雨，淋濕了今天的你 ⋯⋯⋯ 135
- ◆人生海海，潮落後必是潮起 ⋯⋯⋯⋯⋯⋯ 144

第 4 章　成為自己的太陽

- ◆命運的方向盤，該握在自己手上 ⋯⋯⋯⋯ 152
- ◆當你無法掌控自己，就會被別人掌控 ⋯⋯ 161
- ◆沒有方向的船，怎麼划都是逆風 ⋯⋯⋯⋯ 171
- ◆允許事與願違，允許偶爾枯萎 ⋯⋯⋯⋯⋯ 179
- ◆人的一生，唯一的 KPI 就是堅持做自己 ⋯ 188

第 5 章 勇敢踮起腳尖

- ◆與其躊躇不前,不如華麗跌倒 ⋯⋯⋯⋯ 198
- ◆退一步海闊天空,進一步乾坤浩渺 ⋯⋯⋯⋯ 205
- ◆不是特別厲害,只是比別人更願意做到底 ⋯⋯⋯⋯ 213
- ◆如果運氣不好,那就試試勇氣 ⋯⋯⋯⋯ 221
- ◆先成為自己的山,再去尋找心中的海 ⋯⋯⋯⋯ 230
- ◆我們終將上岸,陽光萬裡 ⋯⋯⋯⋯ 238

第 1 章

當人生進入黑夜

請不要停下來，
你的人生不可能就這樣了

人生就像一座高山，
只有不斷往上爬，
才能看見更寬闊的風景、收穫更多的陽光。

01　再試一次，也許就是轉機

有一次整理書架，發現一張泛黃的紙條，上面寫著一句話：「不要拘泥於眼前的束縛，因為那是你自由前的洗禮。」那時我沒特別在意，但這句話一直留在心裡。

我曾看過這樣的畫面：幾位視障的年輕人，牽著導盲犬，一起出門吃飯、散步。他們怡然自得地走在人群中，有說有笑，整個人都透著一種輕鬆和自信。陽光照在他們身上，讓人感覺他們發著光。

他們沒有因為身體的限制就向生活低頭，反而活得比許多身體健全的人更堅定、更開朗。他們也會逛公園、吃美食，像我們一樣享受生活，但也許比我們更勇敢，因為他們是在不公平的條件下，依然選擇熱愛人生。

很多人表面過得光鮮亮麗，實際上內心藏著許多不滿與焦慮。有人會因為身體條件不夠好，抱怨沒能進入理想的工作；有人明明什麼都有了，卻還是不快樂，不斷用物質填補內心的空洞。

而這些被社會貼上「弱勢」、「不幸」標籤的人，卻用一種寧靜而堅強的方式，回應了生活給他們的挑戰。他們的心中有光，用這份光亮看世界，也照亮了自己。

我有個朋友很愛踢足球，常將美國 NBA 籃球巨星柯比・布萊恩（Kobe Bryant）的演講掛在嘴邊：**在抵達終點前，永遠不要停下前進的腳步。**

他曾因一場飛來橫禍而無法再自由踢球。我們一開始都不知

道該怎麼跟他說話，甚至避免在他面前提到「足球」、「比賽」這些字眼。就像北京作家史鐵生的家人，也不敢在他面前提到「跑」或「跳」。但他卻一點都沒有逃避，反而變得更投入。他開始認真看比賽、研究戰術，還寫觀賽心得。有人問他：「你都不能踢球了，也很難當教練，還研究這些幹什麼，不覺得越看越難過嗎？」而他則毫不以為意地笑了笑，淡淡地說：「我只是換一種方式享受比賽而已。」

這句話我到現在都忘不了——**不是每一個夢想都必須用同一種形式完成，只要你還在愛它，就還在活著。**

我一直相信：**現在的糟糕，只是黎明前的黑暗。我們正在經歷的每一段痛苦，都是為了鋪墊未來某個驚喜。只要撐住，就有轉機。**

小時候我很喜歡作家海倫・凱勒（Helen Keller）的故事，每次想到她身處黑暗、聽不見聲音，卻仍然努力活得豐盛，那種勇氣真的讓人佩服。我會想，如果是我陷入那樣的世界，我會怎麼辦？也許會恐懼、會崩潰。這也讓我更清楚：真正能帶你走出困境的，不是環境的改變，而是你願不願意去面對。

有時候我們真的會很想放棄，會覺得自己沒希望，會想就這樣算了。但你必須記住——**只有繼續往前走，才有可能看到光。**

有些時候，我們像是困在森林裡的鳥，看不到出口，飛不高，也不知道方向在哪。但只要還能拍動翅膀，就要飛。**就算只是一步、一次鼓起勇氣，都可能讓你飛過那些遮住天空的樹葉，看到遠方的光。**

02　當你為自己活一次，世界就亮了

有時候，讓我們無法前進的，不是那些生活中的雞毛蒜皮，而是我們自己——那個不願打破現狀的自己。

有一天，我像往常一樣，在一家書店旁的咖啡店安靜地寫稿，陽光從窗外灑進來。忽然，一道身影擋住了光，我抬起頭，是一位多年未見的姐姐。

上次見面已是三年前。那時的她，剛步入家庭生活，辭掉了工作，也放下了曾經熱愛的興趣，專心在家照顧孩子和年邁的父母。她把家人放在第一順位，卻因此疲憊不堪，整個人像是被掏空了，眼神也黯淡無光。後來我工作調動，便沒再聯絡。

沒想到今天再見，她整個人都變了——神采飛揚，充滿朝氣，就像那個曾經渴望闖天下的她，重新回來了。

我忍不住追問她怎麼了，她笑著說：

「當時很多人勸我專心在家，說『不然孩子怎麼辦？』我也怕自己做不好媽媽這個角色，就全心投入家庭。但我發現我越來越不快樂了，雖然大家都說我是個好媽媽、好太太，但沒有人問過我：我自己快不快樂。」

她說到這裡時，語氣變得有些激動，眼神中泛著一點失落。看著她情緒低落下來，我遞上我們點的一樣的小蛋糕，輕聲說：

「是啊，我還記得你以前總是充滿幹勁。現在看你，又像那個天不怕地不怕，滿腔熱血想做大事的你又回來了。」

「現在我重新撿起了工作，也有了自己的事業。雖然中斷幾

年,但知識沒有忘,還能再衝一波。」

接著,她聊起最近的工作挑戰,眉飛色舞,整個人閃閃發光。

其實我們這幾年沒見早已生疏,但就在這杯咖啡的時間裡,那個我熟悉的她回來了。她不再只是誰的媽媽、誰的女兒,而是她自己。我為她重新找回自我感到開心,更為她沒有放棄而感到敬佩。或許生命本來就是一首激昂的樂曲,那些曾經的壓力與苦難,不是阻礙,而是讓旋律更豐富的音符。只要我們不停止前進,終有一天,這首歌會唱出屬於我們自己的光芒。

有人說:「只要不停下腳步,終會有屬於自己的那片天空。」是啊,**未來是一片廣闊的原野,只要肯努力向前走,終會開出屬於自己的花海。**

人生中我們會扮演很多角色——女兒、伴侶、母親、員工……但無論身分如何變換,請記得:你永遠是你自己。你有夢想,有目標,有渴望,也有權利為自己活一次。

別讓別人的期待限制你,別讓角色掩蓋你。繼續走、繼續努力攀登,直到有一天,你在山頂與那個一直渴望成為的自己相遇。

03　把每一次跌倒，都踩成更高的階梯

如果生活是一張純白畫布，每一筆顏色的潑灑，都是一次精彩的嘗試。所以，不要因為害怕就停下腳步。你的未來會有驚喜，你的人生值得擁有更多色彩。記住，生活遠不止於此。

曉蕾曾深刻感受到「畢業即失業」的可怕魔咒，在經歷了多次面試失敗後，她心灰意冷，甚至不想再努力。就這樣待在家裡荒廢了兩個月，日子渾渾噩噩。但她知道，不能再這樣下去。她也知道自己什麼都不擅長，害怕一走出去就處處碰壁，更不知道下一步該往哪走。於是，她鼓起勇氣，在網路上發了一篇文章，想問問陌生人該怎麼辦。

留言湧了進來，幾乎都是對一個迷惘女孩的真誠鼓勵——

「**幾次失敗而已，並不能代表什麼。**」

「不要害怕，想做什麼就去試，覺得哪個公司適合就去投簡歷，適合自己的工作都是需要時間才能夠找到的。」

「不過是幾次失敗，怎麼能決定你的人生。」

每一則訊息，曉蕾都給予了回應。大概是這些留言給她帶來了前進的勇氣。從那天起，她開始持續更新自己找工作的進度，也分享一路上的感悟。她貼出的照片，從原本昏暗的牆角，慢慢變成在陽光下盛開的花朵。

後來，在最新的一篇貼文裡，她說自己找到了一份喜歡的工作。找的過程並不順利，也不輕鬆，但她現在過得很充實、很開心。她說，在那段過程中，她不停問自己——到底想過怎樣的生活？

又該怎麼走下去？最終，是一次次的失敗，幫她把自己找回來。其實，**失敗本身並不可怕。真正可怕的，是在失敗中迷失了自己。**

我曾看過一篇寫老兵的報導，裡面有句話，我一直記得：「越是艱難，越要向前。」

生活本就不會一路順風。人生的路上總是參雜著好與壞，正如那首老歌所唱：**不經歷風雨，怎能見彩虹。挫折是斧鑿，困難如刀鋸，若其已然降臨，我們要做的自然是把它們當作工具，將自己打磨雕琢得更有價值。**

未來充滿挑戰，但如果你總被失敗的恐懼困住，那你要怎麼畫出自己的人生藍圖？又要怎麼唱出屬於自己的那首歌？勇敢往山頂走吧。當你終於站上去，也請別忘了低下頭，看一看那些你走過的路、那些你曾流過淚的顏色。你會發現，原來那些讓你想逃的瞬間，最後都變成了通往成功的階梯。

人生是一場旅程，所經歷的一切，都會變成沿途風景。或許過程不總是明亮的，但我相信，終點一定會是閃耀的。所以，不要害怕。不要停下腳步。

因為——我們的路，還有很長很長。

請你務必,千次萬次,
為自己挺身而出

在這世界,能拯救你的,
只有你自己。

01 撐下來的你，很了不起

生活好像一直都這樣，總喜歡用挫折來考驗人，讓人在困難中學習成長。但它也很公平，只要你認真過、努力過，它不會辜負你。不會忘記那些努力撐下去、願意幫自己一把的人。

我看過一個很讓人動容的故事：一對姊妹，爸爸坐牢、媽媽過世，生活幾乎被打亂。16歲的姊姊為了照顧13歲的妹妹，決定輟學去打工，賺錢讓妹妹繼續上學。在接受訪問時，姊姊說，妹妹很懂事，每次考試都很認真，成績也不錯。而她自己，也找到了穩定的工作，能照顧妹妹、也能照顧自己，這樣就很滿足了。

她們的生活沒有比較簡單，但也沒有因為苦就放棄自己。姊姊雖然放下了課本，卻在工作中努力學、努力做，讓生活慢慢變得更好。雖然沒有念大學，但她的人生一樣精彩、有力量。

她們沒選擇怨天尤人，也沒有互相指責，而是一起撐過難關，努力讓自己變得更強大。她們成了自己的英雄。

我們無法控制人生會遇到什麼事，但可以選擇怎麼面對。**比起一直覺得命運不公平，不如試著為自己拚一條出路，去抓住那些還值得期待的日子。**

人生路上一定會遇到迷惘、會有挫折，有時候一場突如其來的大雨，就能把你打得亂七八糟。但再怎麼狼狽，終究還是得靠自己往前走。有時候你得自己撐傘、自己擦乾，自己把路走出來。

這世界真的很吵很亂，我們就像在海上漂的小船，哪裡有風浪都不知道。但遇到風暴時，請你撐住，不要放棄，因為你撐下

來的每一刻,都是未來的底氣。

在苦難中找到力量、學會面對,這本來就不容易。但只要你願意給自己一次機會,就能漸漸鬆開那些困住你的東西,慢慢看見希望在哪裡。就算身處黑暗,也請你不要停止尋找光亮。

要相信自己可以往前走。就算你現在還不夠強,也沒關係,勇敢去面對自己的害怕與不安,一點一滴地累積力量。有一天你會發現,自己早就比想像中堅強多了。

如果有一天覺得什麼都不對、日子灰灰的,就讓自己慢下來一下,讓心裡那扇窗打開,讓陽光進來。你會聽見那個在你心裡很久的聲音,它會提醒你:你還可以走下去。你還有夢。還有未來。

02 你選擇面對的那天，就已經贏了一半

朋友總說，她的妹妹比她還勇敢。那個妹妹，在大學畢業後選擇創業，卻在半年內失敗，小公司倒閉。這場失敗幾乎擊垮了她，讓她整整一年躲在房間，日復一日只剩吃飯和睡覺。朋友不忍她這樣放棄自己，便多次打電話想開導她，但每次還沒說上幾句，就被妹妹掛斷了電話。

有一天，朋友和我說，她妹妹開了一個新的工作室，打算重新創業。我感到驚訝，沒想到妹妹會做出這樣的決定。朋友說，她已經很久沒有和妹妹聊天了，前幾天妹妹突然打電話過來，向她說了自己的計劃，並說自己這半年一直在分析上一次創業失敗的原因，並且找到了解決的方法。

兩年後，妹妹的工作室已經成長為一間有前景的公司。

我第一次見到她，是在她出差時，順道來找我們。我看到一個堅定、有光的人。我很欣賞她敢於重新開始的勇氣，那一刻我明白了——或許朋友在妹妹失意時的安慰，對於她而言都只是一紙空話，真正讓她重新站起來的，並不是別人的鼓勵，而是她自己。是她選擇再次出發，是她一點一滴克服內心的恐懼，勇敢踏出了那一步。

自救，從來不是輕鬆的事。那需要你跟自己的脆弱拉扯、與失敗對話、對抗整個世界的嘲笑。太多人只會嘴上說要改變，卻還是活在昨天。但她不一樣，她選擇站起來，真實去行動、去承擔，這才讓命運真的改變了。

就像電影《熱辣滾燙》裡的杜樂瑩，一開始是個長期宅在家裡、封閉自己、不敢追夢的女生，讓她失去了對生活的激情和對美好的嚮往，嚴重缺乏挑戰自我的勇氣和自信。但一次偶然的機會，她認識了拳擊教練昊坤，讓她的世界被打開。

　　但後來發生的種種，又將杜樂瑩拉回了絕望的深淵。杜樂瑩經歷過更多痛苦與打擊後，她決定自救，從谷底反彈，用拳頭和勇氣為自己打一場漂亮的仗。

　　朋友的妹妹，就像是現實中的杜樂瑩。從黑暗裡摸索出光，那條路很長，但她走完了。也因為這樣，我看《熱辣滾燙》時才有那麼深的共鳴。

　　黑暗與光亮，有時只差一步。人生的至暗時刻，也可能是轉身看見希望的瞬間。等待就是一種信念的表現。你還願意等、還願意相信、還沒放棄，那就代表你心裡仍有希望的火苗沒熄。

　　人為什麼要努力？因為我們想把命運握在自己手裡。想在這個有時候不講理的世界裡，活得更體面、更有底氣，擁有更多的選擇權和主動權。

　　別人的鼓勵頂多是一時的慰藉，**真正能把你從谷底拯救出來的，從來都只有你自己。是你堅持不放的意志，是你不肯向命運低頭的勇氣。你，就是自己的那道光。**

03　就算沒有人帶你飛，也能自己長出翅膀

在這變幻莫測的世界裡，我們不會知道明天將發生什麼，而唯一能做的就是用知識和經驗武裝自己，為未知的明天做好準備。

在一次去西藏的旅行中，我認識了一位小兄弟。小峰是個充滿希望的年輕人，大學剛畢業，用打工存下的錢出來旅遊。

從他的口中，我了解到，他的原生家庭並不好。從小學起，父母就把他扔給了鄉下的爺爺，直到爺爺去世他才被接回家。小峰雖然被接回家中，依舊沒人真正關心他，父母成天爭吵，家只是個有屋頂的地方，沒有溫度。

勉強讀完高中的小峰，開始自己賺錢存大學學費和生活費。上了大學以後，他更成了無人問津的孩子，全靠自己過活。在課餘時間裡兼職賺錢，不僅完成了大學的學業，也為自己存了一筆旅遊基金。

他說：「我知道我的家庭不溫暖，但我不想一輩子被困在他們的陰影裡，我應該擁有屬於自己的人生。所以高中一畢業，我就搬了出去。我不只是這個烏煙瘴氣的家庭中可有可無的一員，我也是我自己。」

「我一直想來西藏，覺得這是離自由最近的地方。」

他的話讓我非常動容——一個從不被善待的孩子，依然選擇相信自由和未來，這份勇氣太珍貴了。

「我隨身帶著爺爺的照片，想讓他也看看這個世界。」
「你爺爺也喜歡旅行嗎？」

「以前問他,他總說不喜歡,但我知道他其實很愛看旅遊節目。他沒走出去,也許是因為我拖累了他。」

「但是他現在可以看到了,不也是很好嗎?」看著小峰悲傷的樣子,我不免有些心疼。原生家庭的傷害深植人心,不是那麼容易抹去。但好在,小峰正在用他的方式走出來。他不是逃避,而是努力把那些傷轉化成力量。

「那旅遊結束後呢,你想做什麼?」

「我想去當服裝設計師,你看我身上的衣服,這套都是我設計的。」大概是談到理想和未來,小峰的眼神又重新明亮起來。

他一邊說,一邊描述他為自己規劃的設計藍圖。話還沒說完,他又笑笑補了一句:「這些都是我想像出來的,現實會怎樣我也不確定。但我不怕,我相信現在的努力,都是在為未來的機會做準備。**我不能預測未來,但我可以做好當下的自己。**」

這讓我想起《刺激1995》有一句經典台詞:「有一種鳥是永遠也關不住的,因為它的每片羽翼上都沾滿了自由的光輝。」小峰就是那樣的人,他用勇氣飛出囚禁思想的牢籠。

生活中,我們都無法預知明天,預定結果,只有慢慢幫助自己成長,在未來面對困難的時候,便可以拿起曾經積累的武器,這怎麼不算是一種自我拯救呢?

所以,**請把你曾經丟掉的那份勇氣,再一次撿起來。讓它成為你面對世界時最強大的盾牌,為你撐開一條穿越黑暗的路。**哪怕千次萬次,都要不放棄地把自己救回來。

我們要走的路，
終會繁花似錦

總有一天，
我們從容走過人生，
見繁花遍野。

01　哪怕沒人喝采，我也要盛開

那天我在街心公園閒晃，恰巧聽見兩位年輕人並肩走著聊天。只見其中一人語重心長地勸說：「不要被沉沒成本綁住啊。」我聽著覺得頗有道理，便好奇另一位會怎麼回應。

只見那人沉吟片刻，回道：「我不是因為不甘心過去付出了那麼多才不肯放棄。這件事，是我真心想做、想成功的。即使眼前就能看見可能會失敗，我也還是會堅持做下去。」

我聽了這話，忍不住停下腳步。彷彿有什麼東西，在我腦海裡悄悄生根。

我曾認識一位讓我印象深刻的人。在別人眼裡她是出了名的「性格頑固」。她不是我們常說的那種直腸子的頑固，而是從小機靈，甚至有點圓滑世故。她的「頑固」，不在態度，而在骨子裡的那份執念——從小她就立志要做點自己的生意，非當老闆不可。不管是推車賣地瓜、租個小店賣花，還是夢想著哪天開出全國連鎖，她總說：「我就是不能一輩子只為別人打工。」

長輩們總說她不懂事，把這當成小孩鬧著玩。但她卻把所有跟夢想可能有一點關聯的事都試過一遍。她會在暑假跑去跟街頭小販聊天，模仿他們的推銷口吻；會拿著五角錢買條橡皮筋練砍價，只為多學幾招人情世故。這些事，她做得開心、投入，從不在乎別人的冷眼旁觀。

長大後，她憑著那張嘴、那份不怕被拒的臉皮，成了公司的王牌業務，一年能拿好幾次「貢獻獎」，薪水比同齡人高出一大截。

這時長輩們都說，她終於如願了，可她卻說：「這還遠遠不到我想要的。」

後來，她辭職創業。消息傳出時，大家又開始議論：「這頑固個性又來了，放著高薪不做，真是不知好歹。」

但她說：「哪怕將來只能擺攤，也不會一直替別人打工。」

她撐起了自己的公司。到今天，我沒看到外界送給她的掌聲或花束，也不知在她的世界裡有沒有觀眾為她喝采。但我相信，她在自己的人生路上早已開出花來，沿路都是。

有人說，追夢的人，本身就走在一場浪漫的夢境裡。當我們堅定地朝著那個遙遠的目標前行，不管最終能不能換來外人眼中的成果，光是在這條路上努力過、燃燒過，內心便已芬芳滿懷。

有時候，我們會懼怕前路未知，擔心不被理解、害怕沒有人認可。但當你踏上屬於自己的方向，種子就已埋下。只要你夠堅定，就會長出新芽。不必等誰允許春天到來，你就是自己的季節。

所以**別再用世俗的成敗定義自己。只要你已出發，每一步都算數，每一寸腳印都已寫下自己的風景。**

02　有些堅持，不為結果，只為不辜負一份喜歡

有段時間，我加入了一個花友交流群，和幾位業餘愛好者一同在群組裡做個不聲不響的「潛水員」。為什麼只潛水？因為群組裡有幾位「花卉專家」，說話總帶著高高在上的口吻。他們常常駁斥我們這些「業餘人士」，既不懂技術也不是真心愛花。後來群組氣氛越來越緊繃，某一日就突然解散了。

解散後，一位曾經常私訊我提醒看新照片的群友悄悄告訴我，群主當初建群只是想和喜歡花的人交流，不論是專家還是新手，不論有沒有種花，只要喜歡就好。但人一多，事就變了味。

有天，這位群友又傳來他的花照，是一叢金蓮花。橘紅的小花，像一個碟子，雖然不算茂盛，卻讓人一看就覺得溫柔。

他說，這些花本來是別人花園裡不要的野草。因為入侵了菜園，被鋤頭刨得亂七八糟。她看它們命硬、還帶點野性，就撿了兩株回來種。放進一個老舊的大盆裡，沒抱什麼希望，就只是單純不想讓它們死。

他當初曾在群裡問這花的品種和栽種注意事項，結果沒得到幫助，反而被罵了一通。有些人說那是假金蓮花，有些人嫌他盆子不對、配置不對，總之是「不夠專業就不配談愛花」。

「其實要我說，它能開花就開花，不開也沒關係，野地裡的花不也是這樣嗎？我只是單純不想看著它們死，就撿回來種種看而已。它活下來了，我就開心了，別的都不重要。」

他說，那時一度被罵到懷疑自己是否還要繼續養花，但後來

想想，他養花又不是為了炫耀，也不圖它開得多麼繁茂美麗，而是出於對一個生命的憐惜和喜歡。

「只要它活著，我就一直養；它打種子或分根了，我就繼續種。」他這樣說。 後來他還帶來了群主的消息。群主沒有再建新群，因為先前那段經歷讓他心力交瘁。但他還是會忍不住把家裡的花花草草拍下來發到網上。不管是修剪得當的家庭園藝、野地裡雜亂的野花，還是自家陽台的小花壇，每張照片下都吸引了不少熱愛自然的人留言交流。

人難免走過荒蕪的曠野，也難免經歷枯萎的季節。但生活依舊繼續，美也依舊存在。

那群曾在風雨中被冷嘲熱諷的可愛人們，並沒有因此失去對花的喜愛。他們被風沙打過，被冷水潑過，心裡還是愛著那些脆弱卻頑強的生命。他們只是希望能靜靜地欣賞、細細地呵護。

養花，或許不是人生中最重要的事，但它是人生的一部分，是某一段時間我們認真選擇去做的事。很多人會笑這樣的熱情太輕、這樣的堅持太小、這樣的吵鬧太無聊。但我看見的，是一種溫柔而堅定的力量，像清晨葉尖那一滴露，悄悄觸碰了我心底。

在這一生中，我們不只一次做出選擇，用大大小小的選項鋪出自己的路。但人們總說要堅持那些大事——考試、工作、健康，因為它們左右人生的大方向。但其實，許多看似微不足道的小事，也值得我們投入。

只要是你真心想做的事，哪怕只是把一株不起眼的花從死亡邊緣拉回來，也是一種意義非凡的堅持。

03　沒人看好你，也要記得看見自己

曾有一位年輕網友說，自己的前半生就像活在泥沼、荒漠、冰雪裡。

她是家中第一個孩子，卻從未真正在父母的期待與愛裡長大。當年她的父母還只是「大孩子」，追求著自由不受拘束的生活，壓根沒準備好面對撫養與教育的責任。等到家裡的第二個孩子──「廬兒」出生時，他們才漸漸成熟，也才開始享受為人父母的快樂。只是那份成熟，是從她的經歷中「試錯」得來的。

「我常覺得自己是這個家裡的外人。」她這樣寫道。童年時，只有外婆家讓她感覺像個真正的「家」，可惜的是，那個村子裡的遠親近鄰愛指指點點，久了也讓她覺得坐立難安。

像她這樣在家庭中不被看重的孩子，似乎總是得更早學會承受人生的風雨。在學校，因為大家都知道她「沒人疼」，她經常要默默忍受班上一位同學明裡暗裡的霸凌。她說，自己最喜歡的一位班主任，是個出了名嚴厲又愛管事的老師。也正是因為這位老師在，他們班的風氣才短暫地安穩了一段時間，那段時間，她終於可以安心做自己的事。

後來，她考上了一所離家很遠的寄宿高中。在那裡，沒人認識她，一切從零開始。室友偶然看到她畫過、塗過的草稿紙，驚喜地說：「你真厲害耶！」就這麼一句話，她第一次交到了真正的朋友。

真正的朋友，會在你身上發現別人看不到的寶藏。那些她一

直以為無趣的性格、不怎麼樣的畫技，在這個朋友眼裡卻閃閃發亮。她的朋友還鼓勵她學會反抗、保護自己，兩人甚至一起「觀察老師」，想找出更公正、值得信任的對象，並勇敢地向他們尋求幫助。

那位朋友說得很直白：「不是我人太好，而是你從來沒有真的放棄自己，變成放飛自己的混蛋。」

在網友這篇自述的末尾，她寫道，原來自己一直小心翼翼維持的自尊、一直堅持不懈的「以筆傳情」，從來不是無用的掙扎，原來始終閃爍著微微的火花，並在某一刻燃起了熾熱的火焰——「原來有人認為我可以開出花，原來我真的可以開出花！」

有人曾對疲憊的人說：**你所趕的路，披星戴月，也會在未來閃耀生光。**也有人對頹喪的人說：**枯木能逢春，腳步不停，總有花開的一天。**人生難免苦澀坎坷，但那些看似微不足道的自我堅持，說到底，不正是一場漂亮的自救嗎？

我們太容易把這種故事簡化成「遇見了救贖」，好像只是某個人伸出援手就改變了一切。但這並非只是「有人幫了她」，也不是「她從沒自甘墮落」那麼簡單。這是一場雙向奔赴——一個人選擇不放棄自己，另一個人選擇看見她的光。

在那些庸俗的劇本裡，身陷低谷的人往往只能等待奇蹟降臨；但在真實人生裡，真正能走出陰影的人，是那些哪怕還不知道「自救」為何物，也已經默默跨出了第一步的人。

人生起起伏伏，總有風浪。可只要你願意走，路就在那裡，花也會在某一站，為你綻放。

不一定是逆風翻盤，
但一定要向陽而生

我本覺得葵花笨拙粗陋，
不如其他花朵風姿翩翩、雅韻非常。
但儘管被一些人嫌棄，
某日一抬頭，仍見它頭顱高昂，
向陽而生。

01　命運逆風時，也要自己掌舵

有詩寫道：「更無柳絮因風起，唯有葵花向日傾。」

無論風雨，向日葵總不負其名，始終維持那份向上的姿態，像是另一輪執著燃燒的太陽。

我們都希望日子順順利利，但人生偏偏是暗潮洶湧，潛藏著各種難關。問題來時，你能不能還保有熱愛生活的能力？能不能讓自己站在陽光下，把陰影甩在身後？

人生難免苦澀。我們為夢想拚搏，為命運抗爭，哪怕不順，哪怕不完美，也要咬牙撐著、一步步向前──只為靠近那道光。

某次搭計程車時，聽見司機大哥和人聊著去醫院接「林姐」。我原以為又是一樁悲劇，結果他們是要接林姐出院──她在和癌症搏鬥五年後，終於康復了。

當初她被診斷出癌症時，大家都替她惋惜，「年紀輕輕，怎麼會得這種病？」那時一群司機夥伴想幫她湊點錢治療，她只收了應急的那一筆，其他的通通退了回去：「大家都有家要養，誰不需要錢？我有我自己的辦法。」

接下來的日子，她一邊化療，一邊繼續跑車，風吹雨打沒停過，沒人看得出她身體出了問題。等病情加重，無法出車了，她又改做雜務和兼職，一點一滴自己扛起醫療費。

司機大哥問她康復後還能不能回來開車，有人告訴他：「暫時不行了，但她想把治療期間學到的東西，拿來幫助更多人。」你看，這不是逆風翻盤，是硬生生地把命運拉回正軌；不是靠奇蹟，

是靠自己一點一滴熬過來。

　　一個樂觀的人，身邊也圍著一群樂觀的人。能聽見他們的故事，是我的幸運。正因林姐是如此堅強樂觀的人，所以身邊的朋友也都如她一般陽光。

　　我從未見過林姐，但彷彿能想像她的模樣──有著不怕困難的眉眼，有著哪怕背著重擔也能站直的脊梁。神情中充滿生活重負壓不垮的活力。她帶著對未來的憧憬，內心堅定地走下去，將生活帶來的挫折與困苦留在背後的陰影中，而她的眼前永遠是明媚的太陽，永遠摒棄黑暗，向陽而生。

　　「**生活像一棵樹，即使長得歪歪斜斜，也要保持向上的姿態。**」就像春天的嫩芽終究會推開寒霜，溫暖終會到來。在追求理想生活的道路上，就算再艱難，也別停下腳步。因為這條路上，有撥雲見日的釋然，有勇闖山海的膽量，也有向光而行的決心。別忘了，**當一個人踮起腳尖去靠近陽光時，全世界都擋不住他的光。**

　　「那些看似波瀾不驚的每一天，總有一天會讓你明白：原來堅持是有意義的。」

　　我還是相信，所經歷的都會過去，你走過夏日的灼燒，也忍過冬日的刺骨──你一定能走進屬於自己的春暖花開。

02 不怕起步慢，只怕不敢走

小陶和朋友在小城市的一條小吃街經營了一家規模不大的火鍋店。起初，他們覺得小吃街上人來人往，客流量非常大，能夠有更多的顧客。結果卻事與願違——街上的人氣都被老字號的店吸走了，自己的火鍋店連門口都顯得冷清。

連續兩個月幾乎沒有客人上門，朋友忍不住想放棄了。他說：「不如出去打工吧，跟著別人混口飯吃，也比這樣虧下去強。」

小陶卻攔住他：「再試一次，我們換個方式搞搞看，搞不好能翻盤。」我們沒有品牌口碑，那就要靠創意和體驗取勝。小陶打算做點與眾不同的事。朋友一開始很猶豫，怕這些努力都打水漂，但最後還是被小陶的堅持說服了——再試一次，就再一次！

他們參考了幾家人氣火鍋店的做法，擬出六七種方案，最後決定推出「KTV＋火鍋」的新模式：邊吃邊唱，還送小玩具、刮刮樂等驚喜小物，專門吸引年輕人。

但這裡畢竟是小城鎮，不像大城市那樣活力滿滿，這些招數會不會奏效，沒人敢保證。

新方案剛上線時，朋友每天都膽戰心驚，看著帳面收入皺眉不語。小陶卻一派輕鬆：「要嘛別想太多，要嘛就換個角度想。」這句話很簡單，卻像是一根釘子，一點一點把焦躁釘實在心裡。

有問題就解決問題，不逃避。小陶依舊樂觀，依舊相信這一切值得。很快，火鍋店的生意真的開始起色了——來吃飯、唱歌、抽刮刮樂的顧客一個個出現，有些人被氣氛吸引，有些人純粹是

來碰碰運氣,結果一吃發現味道不錯、價格合理,乾脆變成回頭客。這家原本門可羅雀的小店,慢慢地變得熱鬧起來。

聽到這個故事時,很多人會說,是小陶的勇氣拯救了一切。其實朋友也不是沒勇氣,他願意在幾乎看不到希望的時候,繼續跟小陶一起撐下去,就已經是難得的堅持了。只不過,小陶的樂觀太耀眼。」

有時候,不是因為我們特別強大,才敢面對風浪;而是因為我們心中有光,所以不怕黑夜。**願意相信事情會變好的人,總能找到力量去跨出那一步、再試一次。心裡裝著陽光,眼前的路就不會太暗。生活會有霧,也會有方向;會有低谷,也會有轉機。**

就像《追風箏的孩子》說的:「每個人的心中都有一個風箏,不管那是什麼,我們都應該勇敢去追。」

人就該像向日葵,不管風來雨去,頭始終朝著陽光。

03　在困境中尋找陽光，活出生命的溫度

　　說起向日葵，有人曾跟我說過一位像向日葵般的女孩故事。

　　她是個 90 後，出生不久便被診斷出輕微腦損傷，醫生說她的智力可能會受影響。剛來到這個世界，她就不得不面對命運的挑戰。家人沒有選擇放棄，帶著她跑遍大城市的醫院，幾乎花光家中積蓄。為了能持續治療，母親辭職專心照顧她，父親在外拚命工作賺錢。

　　她 4 歲才開口說話，5 歲才學會走路。別人輕而易舉能做到的事，她得付出十倍的努力，還有母親無數的眼淚與汗水。

　　上學後，她的學習能力甚至不如年紀更小的孩子，但她沒有放棄自己。她比別人更努力，放學後會花更多的時間做課後複習、寫作業、學習完後還要做復健訓練，從未鬆懈。

　　身體的限制讓她無法參與太多體育活動，於是，她找到了屬於自己的光──漫畫。雖然一開始連握筆都吃力，但她還是開始創作她的漫畫世界。

　　「在漫畫裡我學到很多，它們教我勇敢、教我要正向。所以我也想畫出能給人力量的漫畫。」她這樣說。

　　後來，她如願考上大學，畢業後真的成為了漫畫家。她的作品充滿陽光與溫情，像一道光，為看見它的人照亮前路。

　　在一次採訪中她說：「我希望我的作品能在別人遇到困難時，帶來力量。疾病可以摧殘我的身體，但永遠帶不走我的靈魂。」

　　我其實不太看漫畫，也不知道她是誰。但想到她憑藉著那份

從黑暗中掙脫出來的驚人毅力，我想她的作品一定會如她所說的那樣能帶給人力量。

就像英國作家查爾斯・狄更斯（Charles Dickens）說的：「**頑強的毅力可以征服世界上的任何一座高峰。**」

「莫道春光難攬取，浮雲過後豔陽天。」沒有什麼傷痛是不可治癒的，也沒有什麼寒冬是不可以逾越的。每一場冰雪之下，藏著春暖花開；每一片烏雲之後，都是湛藍天空。你所失去的，終會以另一種形式歸來。

《向著光亮那方》這本書有句話說得真好：「**抱怨黑暗，不如提燈前行。**」願你能在自己所在的地方，成為一束光，照亮世界的一角。我們總以為夢想的彼岸才是光亮的，其實真正發光的，是那個為夢想努力的你。**夢想會閃耀，不是因為它遠方遙不可及，而是因為你在發光。**

如果這世界沒有太陽，那你就是自己的光。

向陽而生，不只是朝著陽光奔去，更是堅定地走向你想成為的樣子。因為，你可以是那道照亮自己與他人的光。

請在每個當下，
全力以赴去快樂

今天我們仍在呼吸，

那麼，就還有理由開心。

01　把快樂放進人生的行李箱

有時候很奇怪，人們追求「享樂」的慾望，竟會和「快樂」這件事背道而馳。

我們社區有個女孩叫苓苓，衝勁十足，每天都在和時間賽跑。據說，她還被同事委婉提醒「別太拚了」。你若在這附近看到一個腳步飛快、像風一樣的年輕女孩，那大概就是她。不是急著趕公車，就是趕著回家吃晚餐，再開始她的兼職。

苓苓白天上班，晚上在家做兼差。她唯一能喘口氣的時候，是每週日清晨，吃完早餐後在社區亭子裡放空二十分鐘。如果你剛好經過，她也會緩緩地聊幾句。那二十分鐘，大概是她整週裡唯一能稱得上「休閒」的時光。

她拚命，是因為想過上好日子。但我看得出來，她並不快樂。即使每天都在努力往夢想靠近，她臉上卻從未有過一絲真正的喜悅。對她來說，工作是工作，生活也是工作——整個人生都變成了一場無止境的疲憊。

我忍不住問她，什麼是她心中的「好日子」？

她愣了一下，眼神有些空洞：「可能……就是能好好享受生活吧。」她為了享受而拚命，可是過程中卻一點都沒享受到什麼。說到底，她拚得太忘我，以至於忘了為什麼要拚。

我在前公司曾遇過一位同事，她也很拚，是出了名的加班王。連我這種加班狂人都比不過她。有次我忘了拿鑰匙，臨時跑回公司，發現門還半開著。她還在工作沒下班。我本來想打個招呼，

然而她太過認真,似乎並未發現我,於是我又悄無聲息地走了。或許從頭到尾,她都沒注意到有人來去了一趟。

但她和苓苓不同。她的努力是帶著快樂的。可以看到她的眼神炯炯發亮、神采奕奕。她會因為中午偷閒吃到一塊熱呼呼的烤餅而開心得瞇起眼⋯⋯我沒什麼機會和她說話,也不知道她努力的目標,但你能感覺到,她是真心熱愛這一切的。她把快樂,藏在生活每一個微小的縫隙裡。

若說人生苦短。坦白說,有一大半人,是在自找苦吃。我見過太多人,主動關掉自己的快樂感應器。他們懷抱著對未來的期待,卻對當下的美好視而不見。

「種一盆花能改變什麼?」

「出去玩花錢又累,有什麼意思?」

可是,他們說不出賺多少錢才算快樂,也無法說明達成目標後該怎麼真正地享受人生。

快樂,本是我們與生俱來的權利,生活中的每一處縫隙都可覓食那讓人飄然自在的滋味。無論你是要征服高山,還是平凡地過一生,最終的目的,其實都是為了「快樂」。 但很多人,在努力的路上,卻把快樂丟了。

我們從小被教導要努力、要拚命,什麼「獅子搏兔亦全力以赴」、什麼「天才也比你更努力」。我們拚命「用力地生活」,卻忘了「好好地生活」。我們拚命去成就人生的每一件事,但忘了:**讓自己開心,其實也是件值得全力以赴的事。**

如果你真的愛這段生命與生活,就別只忙著追夢,也請記得讓自己開懷。因為──**萬事都要全力以赴,包括開心。**

02　在高壓裡守住快樂，是一種難得的本事

　　生活中，的確會遇到那種「遇難則上、遇強則強」的狠角色，靠著強悍的行動力，把一片灰濛天空捲成朗朗晴空。但也有人選擇另一種活法：看起來平靜、淡然，卻堅定地說——誰都別想打擾我的快樂。

　　看到一位網友分享的貼文，她傳訊息給同事，同事冷靜地回：「稍等呀，我在挨罵。」

　　過了一會兒，訊息跳出來：「剛從主管辦公室出來。」網友問：「罵完啦？」

　　她同事平靜地回：「沒有。我跟主管說，不好意思，現在下班時間到了，明天上班您再繼續罵我吧。」接著又自然地問：「我們待會兒吃什麼？」

　　底下有人留言說：這種「你罵你的，我過我的」的心態，太值得學了。

　　現在大家都在說「鈍感力」、講求「情緒穩定」，甚至以「穩定」著稱的水豚卡皮巴拉都被捧為精神導師。可別小看這種「穩定」。它看似遲鈍、無稜角，其實藏著一種強韌的底氣和不屈的勇氣。

　　我住家附近有一棟辦公大樓。為了避開那些如潮水般湧入的上班人潮，我通常會避開上下班的巔峰時間，早早出門。

　　某次在享受寧靜的清晨時，一位年輕女孩問我該怎麼走到辦公室。第二次見面，她認出我，還笑著問了聲早安，我才漸漸注

意到她。發現她每天都比別人早到。我不知她名字，便在心中給她取了個綽號為「早安」。

後來我才知道，她每天早到，是因為嚴重暈電梯。那種電梯像沙丁魚罐頭，擠滿人，還一層一停地晃來晃去，讓人像漂浮在海上。「早安」一旦搭那種電梯，還沒開始上班，整個人就先被榨乾了。可即使如此，我從來沒在她臉上看到一絲不適。

有次下雨我出門晚了，「早安」也剛好姍姍來遲。辦公室已出現滿滿人潮，她卻從容地和人打招呼，像條魚般滑入人群，一臉自在。

我們熟起來，是從一次傍晚散步開始。那天我吃完飯出去走走，碰巧遇到剛下班的她。因為時間比較充裕，於是我們一邊往公車站走，一邊閒聊起來。她說公司最近調整制度，她的下班時間被延後了。

我那時還不知道她暈電梯，只聽她輕描淡寫地開玩笑：「這樣挺好的，這下我可以一人獨享電梯了。」然後話題一轉，又聊起別的。我印象深刻的是她對這場「隱形加班」的看法：「我沒什麼工作經驗，還搞不清楚現在每天拖到這麼晚，到底是自己太慢，還是公司制度有問題。」

我問：「那你覺得，什麼時候才算真的『有需要』發聲？」

她想了想說：「大概是，當你不說出口，就會嚴重影響心情的時候吧。」

那個夏天，我常在傍晚散步時遇到她。她說話不疾不徐，語氣裡總帶著一種讓人放鬆的愉悅。我必須承認，我能堅持在傍晚出門散步，很大一部分，是因為她的緣故。

我慢慢知道，她的暈電梯從未改善。她的主管常常攬下專案卻不執行。她有個遠距離戀人，兩人努力維繫感情、各自打拚，最後還是分手了。但她說起這些事時，語氣中沒有太多負面情緒，反而是一種淡定、釋然的態度。我後來想，這種「釋然感」不是來自她生活的順利，而是她內心的豁達與韌性。她總是把目光放在那些柔軟、有光的地方——就像忙到很晚後終於能獨自搭上安靜的電梯，這也能成為一種幸福。

「早安」是一個擅長在瑣碎生活裡找到快樂的人，也是一個懂得怎麼讓自己真正快樂的人。

我相信，她對我們這種「日常偶遇」也會感到開心。不是我自我感覺太好，而是因為她有一種能力：把小事變成喜悅，讓普通的日子開出花來。

當我看到一句話：「誰也別想消耗我的能量，熄滅我的生命之火」，腦海中第一個浮現的，就是「早安」那張永遠平靜、穩定的臉。

人生難關重重，而我們，也總能在忙亂之中，給自己留一條名為「快樂」的小確幸。

03　每一次全力以赴，都是值得的

聽人說起，有一個「傻女孩」，總愛做些「吃力不討好」的事。

比方說，學校辦「讀書大賽」，讓學生從書單中挑一本經典名著，暑假讀完後可交一篇讀後感想、上台演講或參加背誦默寫。別人都挑一本書、一個項目參加，而「傻女孩」卻把書單上所有能找到的書通通讀完，不只寫了讀後感想、準備演講提綱，連詩詞佳句也全背起來。

別的同學只想快點完成任務、好好放暑假，大人也不懂她為何這麼拚。他們說：「好好讀書」就夠了，何必做到這種程度？

但「傻女孩」只是說：「這些書我都想讀，這些挑戰我也想試試。」

後來她工作了，換了幾份工作，領域都不一樣。只要有機會，她就願意嘗試，不管那工作看起來多麼辛苦、多沒前途。她一路嘗試、一路探索，最後選定了自己的方向，全力專注在一個領域發展。家人剛鬆口氣，以為她「終於穩定了」，沒想到她又自願調職，跑去了離家很遠的偏僻小鎮。

在別人眼裡，這樣的調動簡直像被降職，但她卻說：「大城市小城市我都看過了，山區林區我還沒去過呢，當然也想看看。」

講故事的人說，這個什麼都想試試的女孩並沒有因為她「吃力不討好」的行為而承擔很大的經濟壓力，據說有幾份很辛苦的工作薪資待遇還是很高的。但大家還是搖頭，說她「不聰明」、「女孩子家的，淨給自己找罪受」。

看這位「傻女孩」的經歷，必然是吃了不少苦頭，但我卻一點也想像不出她吃苦的樣子。她拚命努力，卻滿臉興奮，像一尾逆流而上的魚，一隻直衝高空的鳥，比誰都快樂。

她的快樂，不只是來自「完成目標」的成就感，更是每一步嘗試、每一次投入。她不是在等待快樂，她是在當下活出快樂。

我曾在網路上看過一則寓言故事。

一隻狐狸特別愛吃葡萄。某天路過果園，發現沒嚐過的新品種。為了一飽口福，牠讓自己餓了幾天，好餓瘦一點鑽進果園的牆洞。狐狸進去後大吃特吃，把自己吃得比原來還胖。然後又趕緊把自己餓瘦，好再鑽出果園。牠把這段經歷講給另外兩隻狐狸聽。一隻狐狸覺得不值得，把自己又餓瘦又吃胖又餓瘦，還要冒著被人類發現的風險，搞半天還不是回到原點；另一隻狐狸卻覺得很值得，雖然付出很多也冒著極大風險，但卻嚐到了自己未曾嚐過的味道。

我找不到這故事的全文，但故事最後有一段話我卻清楚記得：

「當一個人的人生立足於『佔有』，他注定會在『還沒得到』的焦慮與『已經得到』的無聊之間來回掙扎；

而當一個人的人生立足於『建設』，他將會在『未完成』的奮鬥與『完成後』的過程中從容前行。」

前者，是痛苦的兩難；後者，是踏實的幸福。

這故事想傳達的是要人勇於實踐，也可能是要人敢於冒險。但在我看來，那隻狐狸其實是快樂的。牠努力突破限制，冒風險、餓肚子、鑽牆洞，只為一口從沒吃過的葡萄。用盡智與力換來一份心滿意足。而那份快樂，是真實的、值得的。

我們也可以成為那隻狐狸，盡全力去嘗試我們想嘗試的事物。不是為了「要得到什麼」，而是因為那本身就值得。當我們把每個挑戰都當作自我建設，當我們願意放手一搏，哪怕失敗，哪怕辛苦，我們也能換來心中舒暢和灑脫的快意。

人說「光陰似箭，一去不復返」，既然如此，我們更該用寶貴的光陰去換真正想要的東西。換一次全力以赴的冒險，換一次夢想成真的喜悅，換一次痛快釋懷的自由。在每一寸光陰裡，全力以赴去快樂。

第 2 章

在痛裡安靜成長

行動，
是打敗焦慮最好的方法

問題的答案，
都藏在你肯不肯跨出第一步裡。

01　掙扎一萬次，不如勇敢一次

人們常說：「掙扎一萬次，不如勇敢一次。」

很多事情，總是困在想法裡，敗在沒開始。其實，打敗焦慮最有效的方式從來不是想破頭，而是 —— 馬上去做。對於大多數事情來說，只要你下定決心、踏出那第一步，最難的部分就已經完成。

小魚是我在捷運上遇到的女孩，她坐在我的旁邊，歪著頭不知道自己在想什麼。她的眼神飄飄忽忽，落在某個地方一動不動，還不自覺地一次又一次無聲嘆氣，全身像是罩著一層無形的鬱霧。我看著她這個樣子，忍不住開口問：「怎麼了，怎麼一臉愁容地嘆氣呢？」

有時候，人反而會在陌生人面前更容易吐露心聲。

她抬頭看我，有些不好意思，但那份尷尬不是因為我，是因為她自己都覺得這煩惱太小題大做。接著，她幾乎迫不及待地說：「現在好多人都在做自媒體，我也想試試看……」

「挺好的呀！你有想法了嗎？」見她願意跟我說出心中的煩心事，我便多問了兩句。

「我是學國畫的，我想透過網路分享國畫知識，讓更多人了解它、喜歡它。」

「這想法不錯，不論是從文化意義，還是單說這類型的價值，這都是個很值得做的事。那你怎麼還一臉憂愁？」

「我有點害怕，不知道該怎麼去做，……怕沒人喜歡我的畫，

怕帳號經營不起來，怕被嘲笑，甚至⋯⋯我連從哪開始都不知道。」她向我訴說了她不願開始的各種原因，但我聽得出來，她真正的敵人，是恐懼本身。

「萬事起頭難，我是說，給事情先開個頭，這本來也就不簡單。」我試著用輕鬆的語氣安慰她，「不過你也別把它想得太難，又不是做了什麼就一定要做成，先試試看也行啊。」

小魚的眼神清澈又明亮，那一刻我彷彿看見剛畢業時的自己。那時候的我，也曾和她有過遠大的理想，也同樣為未知的未來感到焦慮不安。就在我陷進回憶裡的時候，她突然站起來說：「姐姐，我要下車了，我會加油的！」

望著小魚的背影，不知道她後來會怎麼選，但我真心希望，她能朝著自己喜歡的方向出發。

半年後，我旅行回來，在捷運站又遇見了她。她在人群中一眼認出了我，主動走過來聊起近況。原來，她已經開始經營自己的國畫帳號，從那天和我聊完之後，她就決定開始行動了。

她說：「當時真的很害怕，但又特別想做成這件事情，反覆思考後，如果我可以接受失敗，那我還怕什麼呢？就乾脆放手去做了！結果才發現，曾經困擾我的恐懼和擔憂，大多是自己嚇自己。」

現在，她的帳號已經累積兩萬多粉絲。我追蹤了她，和其他熱愛國畫的人一樣成為她的粉絲之一。她同我說，**當她勇敢走出第一步的時候才發現，其實這件事沒有想像中那麼難。**

沒錯——

大部分的焦慮，都是因為我們太害怕「不知道會發生什麼」。

但行動會告訴你一切,它是你走出迷霧的光。

就像有人說:「只有當你開始做,才會在做的過程中不斷印證自己的想法,進入到一個嘗試、反饋、修正、推進的正向循環,你不再被恐懼牽著走,反而一步步把夢想拉進現實。」

如果你對某件事感到害怕,那就試著交給行動吧。

因為,行動會替你擺平一切。

02　放過那個總是跟別人比較的自己

　　前陣子，我在網路上看到一篇文章，標題寫著「如何打敗自卑與焦慮」，點進去簡單翻了翻，內容倒也中規中矩，但我注意到文章底部的留言區，卻是一片自我否定的聲音。留言裡充滿了對自己的不滿、懷疑與無力，那些一條條的訴苦，讓我想起了一位素未謀面的女孩。

　　在一次旅行中，我住進一間小型民宿。說是民宿，其實就是民宅裡整理出幾個房間，接待旅客進來休息。我是那天唯一的住客，老闆娘熱情地邀我共進晚餐。吃飯時，我們聊得投機，她提起了在上大學的女兒。

　　我順口問了一句：「現在放暑假了吧？怎麼沒看到她，是出去玩了嗎？」

　　她嘆了口氣：「我也希望她出去走走。可她每天就窩在房間裡寫寫畫畫，想到她我就頭疼。以前她很活潑的，也很喜歡和朋友出去玩，上了大學以後就像現在這樣，放假回家就待在房間裡，也不出去走一走，每天就悶在房間裡寫故事。」

　　我好奇：「找到自己喜歡做的事，是喜歡寫作嗎？能沉浸在自己喜歡的事情裡，不是挺不錯的嗎？」

　　老闆娘夾著桌上的爆炒綠豆芽搖搖頭笑了笑：「她啊，一開始寫，是因為喜歡，但也有一部分是因為自卑。」

　　這句話讓我一愕。原本活潑的女孩怎麼會變得自卑？寫作和自卑之間又有什麼關聯？

面對我的疑惑，老闆娘慢慢說了女兒的故事。她的高考成績不如預期，和身邊朋友比起來落後不少；大學又被分發到不喜歡的科系，每天上課都覺得痛苦，學不到什麼。她興沖沖去學吉他，結果總是跟不上別人的學習腳步。甚至參加社團活動，連團體活動也沒被選上。

在一連串的打擊中，女兒開始懷疑自己，覺得自己什麼都不行，越來越不願與人互動。直到某天，她開始埋首閱讀，從書中尋找安慰，也漸漸動筆寫下屬於自己的故事。

寫作成了她面對世界的方式。她把內心的不安、挫敗、自卑與渴望，全都寫進文字裡。母親雖然心疼，但選擇全力支持她，只要女兒有想做的事、有幹勁，那就是好事。

老闆娘眼裡閃著驕傲，遞給我手機看女兒的文章。她說：「她現在不自卑了，因為找到了自己喜歡的事情。」

手機裡是一篇篇散文與小說，有些來自校刊，有些是她自己在網路上發表的。最先看到的作品筆觸明亮輕盈，是十分有青春氣息的活潑文字。越往後看，文風逐漸沉靜而細膩，逐漸感受到女孩寫作風格的改變。我這才發現，老闆娘先讓我看的是新作，後面才是早期的文章。

我從她的字裡行間，讀出她心境的轉變。最初的她，是一個不知如何是好的年輕人，把所有對自己的懷疑與焦慮都壓進文字裡，風格上似乎較為沉鬱。後來，她筆下開始有了從容與溫度，那些話語不再只是哭訴，而是試著站起來與世界對話。

她的故事讓我想說一件事：

自卑的根源，往往是因為我們把自己拿去跟別人比較，或者

拿來和那個「理想中的自己」比較。當現實不如預期，我們就覺得自己不夠好，好像整個人都塌了。

但**真正能治癒這份自卑的，從來不是「假裝自己沒問題」，而是——接納當下的自己。接納，是治癒心靈的良藥。**

很多時候，我們會對當下的自己感到不滿，看著旁人光鮮亮麗，會覺得自己與他人相比總是差一些，因此變得焦慮不安。對現狀不滿，一時又難以改變，只能自怨自艾，處在焦慮之中。

我們每個人都有擅長的東西、獨特的節奏與方向。你不必走別人的路，也不需要和別人比。接納自己當下的樣子，才能開始往前走，才能在自己的節奏裡，走出自己的亮光。

別再用他人的尺來衡量自己，別再為了迎合誰的期待，把自己逼得面目全非。你只要問問自己：「我真正想做的是什麼？」然後往那個方向去，就夠了。

03　你想要的改變，不會從躺著開始

前兩年，因為疫情經常被隔離在家，我的朋友小微逐漸養出了懶惰的毛病，在居家的那段時間裡，她每天吃了睡、睡了吃，沒事情做就去玩遊戲。漸漸地，她變得越來越懶。疫情解封之後，也提不起勁再出門工作，每天窩在家裡渾渾噩噩地打發時間。

就這樣過了兩個月，有一天，我被邀請到她家一起吃火鍋、看電影。電影其實挺精彩，她卻一直心不在焉，看得出來想說什麼卻又說不出口。直到電影播到一半，她突然開口問我：「我現在這樣是不是真的很過分啊？」

我被她突如其來的疑問打了個措手不及，但很快便反應了過來，試探性地問道：「你說的是關於工作的事情嗎？」

「看吧，果然你也覺得我不工作很過分。」

這樣的反應讓我一下子不知道該怎麼接話。正當我準備解釋，她就忍不住說了：「我也知道整天窩在家裡不好，可是我真的很不想動啊。」聽到這句話，我大概猜到她為什麼最近心情低落。

「我現在總覺得什麼都好累，可是躺在床上又會想，我總不能一輩子都這樣，應該做些有意義的事吧？可我又提不起動力，煩死了，我到底該怎麼辦啊？」我看著她皺得緊緊的眉頭，試著鼓勵她：「那就試著去做些什麼啊，有想法就馬上行動！」

「可是還沒等我做好心理準備，懶惰就再一次將我拉回到軟乎乎的床上。」她向後一仰，慵懶地靠在沙發上，在她的臉上我看不到對未來的激情，只有無限的焦慮。

我湊過去晃她的肩膀，開玩笑說：「那就趁懶惰還沒反應過來之前，把它處理掉！」

她被我搖得直笑，一邊笑一邊拉住我：「好啦好啦，我知道了！不過萬一我行動失敗了，你一定要幫我報仇喔！」

「試試看不就知道了？放心，我一定在旁邊替你加油打氣。等你除掉懶惰這個敵人，可別忘了跟我一起慶功！」我很希望她立刻開始行動，哪怕只是出門買菜也好，總比繼續困在懶惰和焦慮的漩渦裡好。可我也明白，**推動一個人改變不是靠一時熱血，更需要一點時間和勇氣。**

大概又過了半個月，我再次被邀請到她家裡，她已經沒有了先前的焦慮，臉上洋溢著燦爛的微笑。

「看來你打了勝仗啊！」我笑著說。

「沒錯！我照你說的，有想法就立刻行動。動起來之後才發現，我根本沒時間懶惰，也沒空焦慮。這招太妙了！就是……接下來日子會超忙，恐怕要累死了！」小微嘴上說著抱怨的話，其實整個人已然是神采奕奕。

康輝在《平均分》中寫道：「該你做的功課，提前做也是做，拖到最後做也是做；該你做的事，隨手做也是做，拖到最後要花大量時間、精力、氣急敗壞地做也是做。把事情都安排合理的話，你就很主動，很少驚慌失措，其實這才最省力，這才是主動。」

功課是這樣，人生更是如此。

不要躺在懶惰的懷抱中焦慮，行動起來，懶惰就無法再支配你的身體。很多時候，我們的焦慮都來自於自身的「不作為」。行動，才是打敗焦慮的利器。

懶惰會帶來短暫的快樂,卻也帶來無休止的焦慮;而焦慮,不會讓事情有任何改變,只會攪亂你的腦子,偷走你的快樂。

這時候我們能夠做的,就是立刻行動,戒除懶惰的惡習,在行動中戰勝懶惰帶來的焦慮。

下定決心
活出自己的精彩

你若決定燦爛,
倒影也會美得讓人驚嘆。

01 不為逃避，只為靠近自由

在這個喧囂而忙碌的世界裡，有一個與眾不同的身影，她就是流浪者小林。

小林並非因為生活所迫而流浪，相反，她已經實現了財務自由。過去，她在商場叱吒風雲，靠著銳利的眼光與堅韌的努力累積了一筆可觀的財富。然而，在事業的巔峰時期，她的內心卻越來越感到空虛迷惘，那不是她要的生活。

於是，她毅然決然地放下了一切，帶著家人的指責和旁人不理解的眼神選擇了流浪的生活。她沒有被物質的枷鎖束縛，而是追尋內心真正渴望的自由，用另一種方式活出燦爛的人生。

小林的行李很簡單，一個戶外背包，裝了一些必備物品和幾件換洗的衣物，還有一個在手機沒電時用來做筆記的小活頁本。她走過繁華的都市街頭，看過霓虹燈下的熱鬧與繁華；也走過寧靜的鄉村小徑，感受過田園風光的寧靜與祥和。

在旅途中，小林遇見了許多有趣的人事物。而她的故事，是我在一位早餐店老闆那裡聽到的，當時老闆正與人說著他們的初次相遇。老闆說小林流浪的第一站就是這座城市，那時的小林雖然有些滄桑，但身上看不出流浪者的樣子。

那時已經過了早餐的用餐高峰，店裡沒有多少人，老闆收拾著桌子，隨口問小林是不是工作很忙，看起來很累。於是小林講了自己的故事，並說了這句話：「我覺得自己已經享受過了很好的物質生活，該去尋找內心的滿足和安寧了。」

早餐店老闆坦言，當下並沒當一回事，只當她是某個富家子弟出來「體驗人生」，過幾天感傷完就回去了。還笑著跟她說：「有機會再見時記得跟我分享你的故事啊。」沒想到這句話，小林記了一輩子。

三年後，完全成為流浪者的小林再次來到這座城市，向老闆分享了流浪三年的趣事和感想。

「當時我看見她，都沒認出來，之前年輕貴氣的女孩，現在滿臉風霜。但她整個人精神奕奕，比三年前更有精力。」

老闆說小林在流浪的時候遇過一群志同道合的年輕人，她們一起在海邊露營，暢談理想和未來，她們都不被世俗的觀念所束縛、牽絆。

小林不追求奢華的生活，有時候甚至會和遇到的旅友在公園的長椅上度過夜晚，仰望星空，思考人生的意義。她在街上的小餐館品嚐當地最道地的美食，與老闆和食客們交流當地生活的點滴。她用自己的腳步測量這個世界，用心感受每個地方的獨特魅力。

有一次，她走到一個偏遠山區，那裡的孩子雖然生活困苦，眼神裡卻有著強烈的求知慾。她決定用自己的力量將孩子們渴望的知識、渴望的「外在的世界」帶到他們身邊。看著孩子們臉上洋溢的笑容，小林感到無比的欣慰與滿足。

小林的流浪生活並非一帆風順，她也會遇到困難和挫折，也會遇到惡劣天氣，也會生病受傷，但她從未抱怨，從未退縮。因為她知道，這是她選擇的道路，也是她追求自由的代價。

聽著小林的故事，我也備受感動。我想，或許多年後，小林

依然在流浪的路上,但是她的故事將傳遍許多地方,也將有很多人透過她的事蹟找到內心的平靜和真正的自由。

有一句話,我僅看過一眼,便深深刻印在腦海中:涓滴細流,終成江海;點點星火,終燃烈焰。

人生之旅也可看作是一場拾荒之旅,這裡撿一點快樂,那裡拾一點堅定……星點明光拼湊湊,初始化的我們才有了完整的靈魂,可以泰然面對全部的歷程,從容笑話「我這一生」。而我們自己所認定的圓滿與幸福也由此而來,將細碎的「生活」化作厚重而璀璨的「人生」。

如果你也還在迷惘與掙扎的路上,不妨問問自己──

「我想要怎樣的活出自己?」

當你真心想完成一件事時,全宇宙都會集合起來幫助你。

02　努力踮起腳尖，摘下屬於自己的星星

　　小小在一次獨旅中，遇到了一位令人難以忘懷的大姐。

　　那是一個風光明媚的清晨，小小拖著略顯沉重的行李箱，登上了開往遠方的火車。車廂裡瀰漫著各種複雜的氣息，人們的表情也各不相同，有的疲憊，有的興奮，而小小帶著疲憊的心情和些許不安，開始了這次未知的旅程。

　　就在小小安放好行李，準備坐下的時候，一陣爽朗的笑聲傳入她的耳中。小小循聲望去，只見一位大姐正笑容滿面地和身旁的乘客交談著。大姐的笑聲彷彿有一種魔力，瞬間驅散了車廂裡的沉悶。

　　大姐看起來五十多歲樣，眼角有了些許皺紋，但那明亮的眼睛和燦爛的笑容，讓這些皺紋都顯得生動。她穿著簡約舒適的運動裝，頭髮隨意地紮在腦後，整個人散發一種隨興與自在。

　　一路上，大姐的笑聲和話語從未間斷。她似乎對每個話題都充滿了熱情，無論是風景、美食或人生經歷，她都能說得頭頭是道，並且總能從中找到積極向上的一面。

　　坐得累了，小小便起身，站在餐車的座位旁，透過玻璃窗望著遠處的風景，心中不禁湧起一陣孤獨感。

　　雖然小小喜歡獨處，但「孤獨」有時是另一回事。

　　這時，大姐突然走到被孤獨襲擊的小小的身邊，輕輕地拍了拍小小的肩膀說：「小妹，出來玩就得開開心心的，別一副心事重重的樣子。」她的聲音溫暖而親切，讓小小的心一下子安定了

下來。

　　後來小小才知道，大姐也是一個人出來旅行的，她說自己曾經經歷過許多挫折和困難，但她始終堅信，生活中總會有美好的事情在等著她。所以，她選擇用樂觀的心態去面對一切，讓自己的每一天都過得燦爛無比。大姐聽說小小和自己有著相同的目的地，立刻決定希望能與她同行。小小也被大姐的積極向上所感染，便答應了這次組團活動。

　　她們一起在一個小鎮下了車，決定在這裡停留一天。大姐帶著小小穿梭在古老的街道，教小小如何在陌生的地方尋找值得品嚐的特色小吃，他們邊走邊聊，甚至就著小鎮歷史和傳說討論得熱烈。

　　晚上，她們坐在河邊的長椅上，看著星星點點的燈光倒映在水中。大姐說：「人生就像這條河，有平緩，也有湍急，但只要我們心懷希望，就能一直向前。」那一刻，小小望著她被月光照亮的臉龐，彷彿看到了生活最美好的模樣。大姐燦爛的心賦予了她勇敢飛翔的翅膀，帶著她飛越萬水千山，讓她的靈魂第一次感覺到自由和發光。

　　旅行結束後，小小和大姐分別回歸各自的生活。整場旅行中，雖然大姐說自己也遭受過困難、忍受過孤獨，但從頭到尾她都沒有對小小傾訴任何負面的情緒。這讓習慣當「情緒垃圾桶」的小小，第一次體驗到什麼叫「完全放空」。她只需要聽、看、笑，不需要付出能量，那種輕盈，是久違的療癒。

　　所以，很久之後，大姐的樣貌逐漸模糊，但她那燦爛的笑容還留在小小心底，成為小小在面對困難時的一股強大力量。

有人說，沒有一條平順的路會直接通往未來，但我們還是摸索著蹣跚前進。

路不是從來就有的，夢想也絕不會像夢一樣時常現身於生活。但人們終歸是走著、想著，努力踮起腳尖，想摘一顆屬於自己的星星。

每當小小迷失方向、情緒低落時，那段旅程和那張笑臉就會浮現腦海。隨時提醒著小小：就算前路崎嶇，也值得懷抱希望前行。

不需要害怕山高水遠，也不必為了眼前的迷霧停下腳步。當你勇敢地說出「我想要」，那條屬於你的旅程，就已經悄悄展開。

03 當你勇敢踏出，世界會為你讓路

有段時間，我被生活的瑣碎和壓力困住，像陷在濃霧裡一樣，前路模糊不清。每天忙著應付眼前的事，卻怎麼樣也抓不住內心真正渴望的東西。我不知道自己要去哪，也不知道自己還能去哪。

某天清晨，我什麼都沒說，我決定放下一切，獨自踏上一段未知的旅程，希望能在陌生的風景中找到答案。我沒有詳細的規劃，只是隨意買了一張車票，便登上了遠行的列車。靠窗而坐，看著窗外不斷後退的風景，我的心情卻並未因此而輕鬆起來。腦海中依舊充滿各種紛亂的思緒，對過去的懊悔，對現在的困惑，對未來的擔憂。

我來到了一個海邊的小鎮。鹹鹹的海風輕輕拂過臉頰，海浪拍打著岸邊的礁石，發出陣陣轟鳴聲。我沿著沙灘走，腳印一個接著一個落下來，卻只留下孤獨的痕跡。

這時，我突然被腳底的某個東西硌了一下，幾乎扭到。低頭一看，是一種貝類。當時我對海產沒什麼認識，現在回想，大概是蜆子之類的吧。我站在那兒，搞不清它是已經死了，還是只是警戒地躲著。於是我退開一點，蹲在一旁等它有沒有動靜。

過了一會兒，這貝有了動作。我下意識地伸手插進沙子裡，把它撥了出來。但撿起之後，我又陷入沈默——接下來要怎麼辦？我該怎麼處理它？我沒有答案。

我原本以為這樣的小生物會因為膽小而一動不動，沒想到，它只是等了一會兒。等到下一道浪潮湧來時，它迅速伸出肉足，

一彈一彈地游走了。其實它游泳的姿勢看起來並不機靈,也不優美。但誰又有資格,要求一個拚命逃生的小生命,為人類的審美負責?

況且,在水裡衝鋒的瞬間,它的形象在我眼中簡直如同一顆流星。一個被人類忽略、甚至視為無知的小貝類,卻在那一刻,讓我真切地看見了什麼叫「生命」。

我就在那裡坐到了夕陽西下。想著自己,無聊地干擾了海裡的生物,心中不免升起些許羞愧。但更多的是震撼——為那小小一跳所呈現的勇氣與生命力。

那之後的路上,我腦中一直迴盪著它游走的樣子。也就在那時,我從原本的混亂中漸漸冷靜下來,開始重新反思。我突然明白,**迷惘並不是盡頭,而是提醒我,是時候重新檢視自己了。**

人類常說要向自然學習。那一刻,我也決定,像那貝一樣,果斷起跳,不再猶豫,不再逃避,哪怕未知、哪怕波濤洶湧,也要勇敢衝進去,活出屬於自己的燦爛。

撒貝南在《開講啦》裡說:「如果命運是這世界上最爛的編劇,那你就要爭取,做你人生中最好的演員。」

既然人生是一場戲,那我們就該演出心中真正想要的樣子。

不管眼前的風景多陌生、腳下的路多顛簸,只要你肯出發,未來就會開始變得不同。

沒人能否定你，
你自己也不可以

別怕，向前看，不會躊躇；
向後看，不會退步。

01 自我批評可以，但別變成自我否定

那是一個寒冷的冬天，為了避寒，我決定搭火車前往廈門旅行。不是不能搭飛機，只是突發奇想，想挑戰一下自己搭長途火車的耐性。

但當列車開到中途某站時，我實在撐不下去了。頭昏腦脹，四肢乏力，整個人像被抽走了電。我完全無法再忍受車廂裡悶重的氣息，於是走去請工作人員幫忙，想提前下車休息。

當時我還不清楚這麼做是否會麻煩別人，是否違反什麼規定，只是很本能地找了一位站務員詢問。他態度非常好，耐心聽我說完身體不適的狀況，也溫和地解釋，提前出站當然可以，但票款就不能退了。他邊說邊幫我提行李，還特別叮嚀：「你真的確定在這站下嗎？一會兒門會開在這邊。」

正與站務員溝通時，忽然一個腦袋探過來。坐在車廂末端的一位老兄掃了我們一眼，又縮回同行人身邊陰陽怪氣地道：「你說還有多少站？怎麼就要提前下車？透透氣再回來不行嗎？坐不了長途車為什麼不坐飛機？」

站務員也聽到了車廂裡的議論，略提高聲音表示「提前出站當然是可以的」，然後又柔聲對我說，只是沒有特殊原因，後半程票錢就退不了了。站務員邊說邊幫我取下行李，並細心叮囑：「你確定打算在這站下嗎？一會兒開這邊的門……」

我當時整個人懨懨的，聽了後座乘客一番話更覺心中悶悶，下了月台還總覺得背後有人對我指指點點，並投來質疑的目光。

待到被寒冷的風一吹，我的大腦緩緩恢復運轉，才後知後覺地有了被冒犯的感覺。但想著那串連珠炮似的發問，我又忍不住想，是不是自己確實過於矯情、不肯吃苦、規劃不好自己的生活？

從陌生城市的人群中穿過，我開著導航尋覓附近可供小憩的地方，心裡還反反覆覆回想車上的經歷，神思恍惚、頭昏腦脹，預想中探索新地方的興奮勁兒也全部消散了。

坐在一家飲品店，我喝了一口冰涼的果茶，驅走了煩悶，這時才感到腦袋裡的一片混沌被撥開，我真正地清醒過來了。

這本來就是我的旅程，我想在哪裡停下來，又有什麼不可以？

沒有規定說我一定要準時到達哪裡。工作人員也沒被我添麻煩。我甚至連旅店都沒訂，就想隨便走走而已。

所以，到底是哪裡出了問題？是那個站不歡迎我嗎？是這座城市拒絕我的暫時停留嗎？我環顧四周，有人在奔忙，有人在閒坐，大家都過著自己的生活，誰在乎我下不下車？

最終我才意識到，我並不是被那個冷嘲熱諷的乘客冒犯，而是自己讓那句話扎進了心裡。一個心智成熟的人，卻被幾句話動搖得自我懷疑、自我檢討，甚至自我譴責。

這就是一種典型的心理機制——「破窗效應」在自我裡頭發作。**你自貶、自疑、最後甚至自罪，那你的人就「塌」了。**

一開始，我並沒有將「下車事件」和「自我否定」連結起來，因為我自覺只是鬱悶了片刻而已。但我將這份經歷和感受講給好友聽，她一針見血地提醒我：「真正自知有錯的人會拚命找理由自辯；你卻是在努力證明自己沒錯。這表示你其實已經掉進了自我否定的陷阱。」

那一刻我無言以對。我才發現，原來我不是在理性分析，而是在替自己「辯白」中證明自己不該被責難。那正是自責與內耗的狀態。因為一個清醒自信的人，不會這樣反覆說服自己他沒錯。

　　朋友最後只淡淡地說了一句，我至今記得很清楚：**「可以自我批評，但要小心，不要走向自我否定。」**

　　我完全認同。人都有脆弱的時候，稍有不慎，「我是不是不夠好」這個念頭就會悄悄滋長，然後不知不覺變成「我一定做錯了什麼」。

　　但事實是：人不該欺負別人，更不該欺負自己。

02　你很好，不需要一直覺得自己有錯

　　圖書館的休息區裡，有人低聲講電話，有人輕語離席，細碎聲響斷斷續續。直到我透過金屬柱子上扭曲的倒影，才察覺到背後傳來的輕輕啜泣聲。那時，整個區域只剩下我和她兩個人。

　　我猶豫了一下，在走近關心與靜靜離開之間掙扎了片刻，最後還是決定離開，把那片安靜留給那位正在落淚的女士。

　　接近中午，我在附近找到一家麵館。坐下後不久，店內逐漸坐滿了人。正當我低頭吃麵時，一個沙啞的聲音傳來：「你好，這裡有人嗎？」

　　我抬頭，是個穿著黃色上衣的女孩。她坐下的那一刻，我突然回想起圖書館柱子上那個啜泣的倒影，好像也是這件黃色衣服。

　　她點了一碗涼麵，還沒上桌，她的手機就響了。電話裡傳來些模糊的聲音，而她語帶鼻音地回應著，一直說著「對不起」、「抱歉」，聲音輕卻急促。

　　那種小心翼翼的態度讓人心疼，甚至讓我這個旁人都感覺到了那股被指責的壓力。她彷彿不是在講電話，而是在為自己的存在請罪。

　　我一邊吃飯，一邊不由得想起那句老話：「吃飯皇帝大，不要在飯桌上說教。」當一個人吃飯時被責備，那感覺真的會讓人完全吃不下去。

　　我加快速度想快點結束這頓飯，但那碗熱騰騰的湯麵提醒我別那麼莽撞，紅辣椒的香氣像在安撫我：慢一點沒關係。我便起

身去冰櫃拿了一瓶汽水。等我回來，黃衣女孩已經掛了電話。我們目光短暫交會，我遲疑地對她微笑了一下，她的表情也閃過一絲猶豫，然後又輕聲說了一句：「對不起。」這次，這聲「對不起」是對我說的。

她好像從我表情裡讀出了什麼，誤以為自己打擾了我吃飯，因此再次致歉。然後她又補上一句：「圖書館也是，對不起，打擾到你了。」

果然，她正是圖書館裡那位默默垂淚的女孩。

陌生的我們沒有更深入的交流，但我心裡清楚，她腦海裡一定盤旋著一個念頭──「都是我的錯，是我給人添麻煩了。」

三兩句寒暄淺談後，我們各奔東西。我不知道她一句「對不起」裡究竟藏著怎樣的故事，只是事後還是忍不住想起她。面對這樣的人，很容易產生無能為力之感，畢竟熟識的人或許可深談幾句，萍水相逢者卻難以憑三言兩語便提點了旁人的煩憂。

如果這是一篇小說，我真希望能給它一個理想的結局：在她說出「對不起」的瞬間，我或任何一個人告訴她：「**你很好，不需要總是覺得自己錯了。**」然後她眼眶微紅，心被觸動，從此變得更有力量。

可惜，現實不是小說。當下的我顧慮太多，怕她正深陷情緒低谷，怕一句鼓勵反而變成一種誤解，讓她更難受。

否定自己，是一種無形的精神鞭打；自我否定，則是一場由自己親手發動的折磨。

我身邊有不少人，習慣每天再三自我反省，願意在每一次挫折中反思與修補，這是智慧的力量。可也有一些人，他們從未被

別人責備,卻總是放大自己的每一個失誤,一次又一次地懲罰自己。彷彿一聲嘆氣都會造成他人不快,一點疲憊都不該外露。

有時我在想,**自卑和自傲真的是同一面硬幣。他們看起來總是小心謹慎,實際上,是過度在意自己的影響力,過度害怕成為問題本身。**

我依稀記得曾在某部外國電影或影集中聽過一句話,翻成中文大意是:「**你犯了一個錯誤,不代表你這個人就是錯的。**」

願我們都有這樣的智慧與分辨力,知道什麼時候是「事情錯了」;而什麼時候是「人錯了」。

03 承認自己做不到，是進步的開始

　　社區裡有位大家口中的「墾荒團團長」阿姨，她帶著幾位鄰居，把原本雜草叢生的空地，開闢成了一塊塊開心農場，種出了花、也種出了菜。有一天，她坐在公寓門前的台階上，和大家聊起了一個故事：

　　某位老太太，年輕時常被人說「什麼都做不好」，幾乎成了生活裡的「負面教材」。等她年紀大了，理應享清福，卻住不慣城裡的高樓大廈，一心想回老家，把老屋修一修，過幾天清靜日子。可是，她的女兒們堅決都不同意，不論怎麼勸都不讓母親一個人回去住。

　　有人在旁邊插話問：「這女兒是不想花錢嗎？」

　　「不是錢的事。」團長阿姨搖搖頭。「老太太自己有錢，女兒也說過要幫她在市區租房，甚至願意再買套房給她住。」

　　真正的原因是，女兒不放心。她怕媽媽吃不好、搞壞身體；怕她家務做不好生活邋遢；怕水電壞了她不會處理；更怕她被騙子騙走多年的積蓄。

　　其實擔憂獨居老人本是常情，可這個女兒操心的架勢，彷彿那個能一口氣在老家山上走個來回的老母親沒有一點生活自理能力！原因無他，只是因為從小到大母親給女兒的印象就是「什麼都做不好」。

　　故事講到這裡，又有人質疑：「這老太太身體這麼好，還能爬山走路，老公也早過世，這些年自己照顧自己，哪裡像是什麼

都不行的人？」

團長阿姨聳了聳肩，嘆了口氣：「她自己說自己不行呀。」

原來，這位老太太從年輕時開始，就一直把「我不行」、「我做不好」掛在嘴邊。每當有人請她幫忙，她第一反應總是懷疑自己能不能勝任。久而久之，大家也就真的信了她不行這回事。她說自己不行，不代表她不做；她還是把事情做了，甚至做得不差，只是沒人記得她的努力，大家只記得她說過的那些「我不行」。

有些人一開始覺得她是謙虛客氣，後來又覺得她是假裝做不好想要懶惰，其實她一邊說「不行」一邊也差不多把活都做完，不會做的也大致學會了。或許是因為確實沒有能讓人眼前一亮的能力，她付出的辛苦沒人關注，口口聲聲的「我不行」倒是被人記住了，就連生活在一起的家人也被遮蔽了眼睛。

講到這裡，周圍的人發出意味難明的「唉呀」聲，「墾荒團」裡特別活躍的一位阿姨流露出「有話要說」的神情，最後嘴唇開合了一下，也從眾地「唉」了一聲。

我當時正戴著耳機聽有聲書，耳朵裡一邊播著故事，腦中彈出好幾句小說台詞：「面具戴久了，就會融進你的血液裡」、「話說得多了，也就成了真」。我甩了甩頭，把那些小說情節暫時拋開，回過神來咀嚼這句話：「我不行」——這到底是什麼樣的心情才會反覆說出口？是謙遜？是膽怯？還是說，這句話成了某種自保？一種預先退場的說辭？

但不管出於什麼原因，這句「我不行」無疑是一句荒誕的魔咒。它或許是出於客觀衡量，或許是出於主觀臆斷；有時帶來一些輕鬆、推掉一些麻煩，有時招致一些輕視、醞釀一些禍患。你

說得越多，別人就越相信，最可怕的是──你也會相信。

有些人想用「我不行」築起防線，抵擋風雨，結果卻在心底蓄起一灘爛泥，悶著、陷著，日久天長，連自己都忘了其實能夠走出來。

沒錯，**「承認自己做不到，是進步的開始」**。坦然面對自己的不完美稱得上是一種智慧與勇氣，但自我否定不是。

自我否定，不是謙虛，也不是清醒，而是一場誤診──讓你誤以為自己不值得，不夠好，不該被看見。

所以，**不必總是高估自己，但也不要，總是把自己看低**。

總不能還沒努力，
　就向命運妥協吧

你可以認輸，
但應是在嘗試走過所有路之後。

01　不敢面對困難，才是最大的困境

　　我曾經做過一份很特別的工作——家教。

　　她叫董姐，當時大約三十歲。而我只是個剛上大學的毛頭小子，懷著一腔熱血和初生之犢不畏虎的傻氣。回頭看，若是現在的我，恐怕一聽說要教的是個比我年長、人生經驗豐富的「學生」，可能會遲疑甚至打退堂鼓。但當時的我，單純地被她的熱情打動，只覺得——她有夢想，我就該幫她一把。

　　她的夢是寫作，一個關於文學的夢。她平常讀了不少小說，對那些時下流行的「熱梗」「套路」很熟，有時看著甚至覺得「我應該也寫得出來吧？」但真要動筆，她才發現自己根本寫不出那樣的東西，因為那些壓根不是她想寫的。

　　她試過很多方式——連載網文、寫短篇、寫散文，投稿被拒多次後，乾脆免費發在自己的社群帳號上，只希望有哪怕一個人能讀到，並被文字觸動。她也跟著各種寫作課學技巧，到頭來才發現，問題根本不在技巧，而在最基本的底子。

　　「沒有好底子，再天馬行空的點子也架不住。」董姐認清了這一點，決心從「打地基」開始。於是，我接到了董姐委託我指導寫作的請求。

　　「你就把我當小學生教吧，如果哪天你覺得我進步了，就讓我升級成『國中生』。」第一堂課，她看我明顯有些緊張，還主動開口安慰我。

　　那段時間對我來說其實並不輕鬆。因為寫作的基本功，是種

藏在肌肉記憶裡的東西，有些早已融入骨血，有些則早已在時光裡散去。手寫得出來，但要說清楚怎麼寫，還真說不出個所以然來。但她不放棄，我也不想退縮。

課間，我試著拉近我們之間的距離，也滿足一點自己的好奇，便問她：你為什麼這麼堅持寫作？

她笑了，圓潤的臉頰上帶著健康的紅潤色澤。但她沒有直接回答為什麼堅持，反而告訴我，她曾經放棄過多少次。

她說有一次寫連載網文，剛發兩章，就被「熱心網友」全盤否定角色設定和背景，還熱情推薦一套新設定給她。她整個人震驚，不禁聯想到網路上常見的文學糾紛，覺得這條路太煩太亂，於是直接放棄，那部小說也就此消失在她的資料夾中。

還有一次，她投稿幾篇短篇小說，連續被退稿。後來，一位好心編輯建議她可以先發在自己的帳號上，可能會遇到讀者，也可能被其他媒體發現。她鼓起勇氣發了文，沒想到卻被熟人看見。那人開始滿口「大作家」、「文學才女」的稱號狂誇她，弄得她渾身不自在，想要應付還應付不了，最後這個「作家董某」的名號還在親友圈裡迅速傳開，讓她至今提起仍覺尷尬。

後來，她嘗試走平面媒體那條路，開始投報社、雜誌。有位退稿編輯誠懇寫下：「萬丈高樓平地起。」這句話，她反覆咀嚼許久。

「我發現我那點天賦根本掩蓋不住自己的缺點。靈感總會退潮，如果連基本功都沒有，到時候我可能連一個字也寫不出來。」董姐說自己嘗試自學，但很挫折，「連小學生能看懂的東西，我怎麼就是學不進去？」說到這，她還邊笑邊比劃了一個「知識從

腦子中流走」的動作，笑中帶著無奈。

她講這些時，語氣輕鬆詼諧，可我聽得出來，那些退意從來都不是玩笑，而是一道道打擊砸下來後的真實心情。有時是激情退散後的清醒，有時是一次次被現實提醒：「你還不夠好」。但坐在她家書桌前，我知道她沒有真的放棄。她的堅持不是盲目的死撐，而是一種帶著思考、反覆掙扎後依然選擇不妥協的勇敢。

「害怕危險的心理，比危險本身還要可怕一萬倍。」不敢面對困難，才是最大的困境。

那時候，我為了上好每一堂課，也開始重看那些學生時代的「必讀書單」。看到《魯賓遜漂流記》時，我忍不住跟董姐分享：在荒島求生的主角，經歷乾旱、鳥獸搶糧、氣候變化，一次次嘗試、一次次挫敗，但最後還是種出了麥子、釀出了葡萄酒。董姐，不也一樣嗎？身處在「求不得」的心靈荒島上，為自己的人生而做出一次次努力嗎？

寫作課結束前，董姐對我說：「不知道哪天我會不會又想放棄，但到目前為止，我還是覺得自己該試試，再試試。」

「再試試」這三個字，她說得輕描淡寫，但那語氣一直刻在我腦海裡。很多年後，我也走上寫作這條路，汗流浹背、字字掙扎，當我對親友笑著說「我再試試」時，我終於懂了她當時那句話的重量——**「即便在命運面前渺小如塵，我們也該是那種，在用盡所有方法之後，才肯低頭的人。」** 有些時候，是該撞遍所有牆之後，再心甘情願地轉身。

02　不向命運低頭，才有機會抬頭。

當小靖受傷的消息傳出時，沒有人料到那個一向溫柔靦腆的她，竟然是個熱愛戶外運動的人。大概是反差太大，辦公室裡的傳言很快從「小靖攀岩受傷」，演變成「小靖在旅遊時出了車禍」。除了幾個和她私下關係比較密切的同事還記得是攀岩，其他人早已拋開原貌，開始熱烈討論起「現在交通太亂」「沒事少出門」這類話題，一如既往地熟悉。

等到小靖銷假回來，話題早已轉移成了「某某景點很無聊」「哪裡哪裡不值得去」，只有那幾位老同事還會關心她的傷勢，順便好奇問問她當時到底發生了什麼事。

「其實那時候已經覺得有點吃力了，但從沒爬到過這麼高，想著再撐一下。」她這麼說，像是在描述一場冒險，也像是在總結一次突破。「雖然受了傷，但破了自己的紀錄，不算白費。」

有人忍不住感嘆：「沒想到，你還這麼有好勝心。」

小靖只是微微一笑，語氣溫柔卻堅定：「我只是……不想輸。」

小靖從小身體不好，剛學走路沒多久就生了一場大病，從那之後，全家人都對她呵護備至。怕她冷，怕她熱，怕她餓，也怕她累，幾乎是寸步不離地守著她。年幼的小靖自然享受著這份關愛，但隨著年紀漸長，她對外面世界的嚮往越來越強烈——「我也想參加運動會」、「我們班要去爬山」、「我可不可以學游泳？」那是孩子最純粹的渴望，自由奔跑、自主成長的渴望。

父母當然希望她健康快樂，但也因為她從小體弱，總是在掙

扎中選擇退讓。於是他們試圖用道理讓懂事的女兒接受：你不能跑，不能跳，不能太累。

小靖理解父母的擔憂，忍著遺憾告訴朋友自己無法一起參加活動。直到有一天，她忽然問：「做運動不是能讓身體變好嗎？如果怕我生病，是不是更應該要運動？」這句話讓父母愣住了。

她進一步懇求：「那我們去問醫生好不好？醫生會知道我可不可以運動！」

拗不過她的堅持，父母終於帶她去諮詢。醫生說得很清楚——小靖的病早就沒什麼影響了，只要循序漸進、注意安全，運動對她只有好處沒有壞處。

那是她第一次，真正為自己爭取了一個機會。從此，她小心翼翼地學習、練習，儘管動作慢、儘管偶爾被同儕取笑膽小，她依舊不曾放棄，也不讓自己再因運動受傷或生病。她太清楚自己爭來的是什麼，便特別珍惜。

現在的小靖不僅堅持運動，還愛上了挑戰極限的感覺。她不與別人比輸贏，她挑戰的，是命運本身。

「**我不認輸，不是因為我非得贏過誰，而是我不肯輸給命運。**」她說：「如果我認了，那我現在可能還是個需要人照顧、不能自由行動的病孩。」

有位網友在讀完《簡愛》後寫下這樣一句話：「**不向命運低頭，才有機會抬頭。**」

有時候，我們的人生會像被誰惡作劇了一樣。就在你覺得一切準備就緒、前途光明時，突然撞上一道牆；就差一步就成功，卻被迫停下。那一刻，你可能會氣惱自己的身體、資源、時間、

背景不夠好,甚至對這世界失望到想放棄。

於是,我們為不夠聰慧的大腦、不夠健康的身體、不夠富足的資產、不夠充裕的時間及其他的某個條件沮喪、抱怨乃至謾罵,在某一瞬間決定放棄,又或永遠地放棄。這樣的情形太過常見,這樣的選擇也十分好理解,可是退一步也許能迎來海闊天空,放棄邁步卻不會得到任何想要的東西。

相對於無垠的天地,我們都只是跌跌撞撞前行的孩子。但也正因為如此,我們更該爬起來、抬頭看、繼續走。

我們可以低頭,但總是低頭,就真的什麼都看不見了。

03　你可以慢，但別放棄往前走

之前網路上有人發起話題：「你看過最拚的人是怎樣的？」

回答得千奇百怪，有人說是考試時見過的同學，從早到晚一頭栽進書本裡，彷彿走火入魔；有人說是職場裡的工作狂，白天正職晚上接案，一邊工作一邊讀書，精力像永遠用不完。但其中有則留言提及到一個年輕人的事蹟令人深思。

有一個 20 歲出頭的年輕人，因為被醫生診斷出未來在 40 歲左右有很高機率會失明，於是他決定拚命工作，一天工作長達十五個小時，不浪費眼前任何一點視力和時間。這個年輕人在賣力工作時心裡會想著什麼呢？想要多存點錢給以後的生活一個保障？想要趁著自己還能自如行動證明自己的人生價值？還是只是單純地不肯輕易向生活認輸，成為一個無所事事、遊手好閒的人？

無論如何，他一定想過：我要做點什麼。

還有一個女孩，被人形容為「精力過剩、自律過頭」。任何時間遇到她，不是在做和工作有關的事，就是在做和學習有關的事。有人問她為什麼要過得這樣辛苦，女孩驚訝地反問：「辛苦？怎麼會？」

在她眼裡，只要是有意義的事，就是能給自己充電的機會。學習就更不用說了，既然是自己選擇的，自然樂在其中。

女孩的行為已令許多人感到不可思議，她的觀念更使人訝異。對於人們的不解，女孩其實也摸不著頭腦：「我不是什麼事都覺得有意思，是我挑了那些對我有價值的事。人生也就幾十年，不

把能做的事都做了,那才叫痛苦吧?」

「可是,事情本來就是做不完的。」朋友對她說,心裡還是希望女孩學會放鬆地享受生活。

「我知道做不完啊,所以我才要加快速度做呀!」女孩卻這樣回答。

等到我聽到這個故事時,她的個人工作室早已穩定運作,而她仍然每天快樂地忙碌著。她的選擇不是焦慮地耗盡自己,而是清醒地把握住每一分熱情與時間。

莊子說:「吾生也有涯,而知也無涯;以有涯隨無涯,殆已。」

意思是:**人生有限,但我們想學、想做的事情無窮無盡;若盲目追逐無盡,最終必將疲憊不堪。**

這句話讓人反思,但也讓人選擇。有人感慨人生太短,尚未完成理想便先行告別,覺得遺憾;有人選擇提早放棄,不再掙扎;但也有人在明知無法「做完」,依然加緊去做,並且全心努力。

沒錯,我們終將死亡,所以就什麼都不做了嗎?人們往往因為各種原因而覺察時間的緊迫,但不管你想在「有限」之下悠哉度日還是充實生活,最起碼——得做點什麼。

你可以緩步,也可以衝刺,但別在還沒嘗試前就認輸。

總不能還沒努力,就向命運妥協吧。

成敗未定，
你我都是黑馬

在人生蓋棺定論之前，
我都相信「一切皆有可能」。

01 等待雖苦,但後悔更痛

我好像時常和人提起穎姐——一位開茶館的朋友。每次與她相聚,在滿室茶香中聊上一會兒,總能讓自我得到提升,像被重新擦亮一樣。

穎姐創業的路,從來不是一帆風順。從客源難拓、資金緊張、口碑建立更是耗神,每一步都讓她付出許多心血,好幾次差點瀕臨崩盤。但她從不愛提這些辛苦。只有一次,她難得談起往事,我才真正看見她曾經身陷的風暴。

為了讓茶館生存下去,穎姐把自己做過的研究付諸實踐,把傳統茶館的空間加入更多元素,如曲藝、棋牌、商務會談……。她希望能吸引更多客人,並建立一批穩定回流的老客戶。

但代價也不小。硬體改裝、人力成本暴增,營運時間也拉長。一開始為了節省成本,她只能親自上場,幾乎每天都在店裡轉不停。這些還算是創業應扛的壓力,真正讓她差點放棄的,是那些潛藏的惡意。

一方面,棋牌活動一開就會聚攏形形色色的人,有些是親友閒聊、有些是陌生人湊局。人多嘴雜,賭性起來,問題自然接踵而來。另一方面,有人開始惡意造謠,把正常經營的茶館說成不三不四的地方。她既要處理風評、還要保護員工,焦頭爛額。有時累到深夜,她氣得發抖,獨自懷疑自己:「是不是自討苦吃?」

那天她沖茶時說:「這些是不能跟父母說的,他們不能接受女兒在外面這樣受委屈。和朋友說呢,有鼓勵的、有勸退的,但

大家各有各的生活，各有各的難處，沒人能和我淋同一場雨，體會說我的事情。」

提起艱難起步的歲月，穎姐總是輕描淡寫，但聽者能夠從中覺察出那些沉甸甸的東西。穎姐不是含著金湯匙長大的，縱然相對富足的成長條件使她有試錯的勇氣，可她也不會允許太過沉重的失敗拖累她的家庭。何況，比起物質上的損失，精神的消磨才是可怕，如果那時她撐不住，今天就不會有那個從容自信的她。

「可是我還沒輸，還沒到結局的時候。我一直這樣告誡自己。」穎姐沉靜地說。就憑這一句話、這個念頭，她撐過來了。

宮崎駿曾說：「**永遠不要放棄你真正想要的東西。等待雖苦，但後悔更痛。**」

多數人的一生都不會是平順圓滿的故事，外界的紛擾、內心的矛盾，總會勸你放棄。「累了就休息吧」、「何必這麼拚命？」這些聲音一邊威脅你：「別再堅持了，小心越陷越深。」一邊誘惑你：「享受生活，躺平才是快樂。」**放棄也許能讓你短暫脫身，卻會讓你與夢想漸行漸遠。**

穎姐就是那種即使被推進風浪，還能咬牙挺住、逆水划船的人。她用行動證明：**還沒到句點，就不能畫上句號。**

02　每個努力的日子,都是你在為驚喜鋪路

「堅持下去,或許生活就會送你一個驚喜盒子。」

小閣立志要成為一位知識網紅,但是她不想在網路上露臉,於是決定整個人都不出鏡,只靠知識內容來吸引觀眾。這意味著,她得靠更多技術和創意,來補足不能親自講解的劣勢。

一開始,她學做投影片,想要像老師錄影課那樣輸出知識。一段時間後反應平平,有人直言:「這樣的形式太無聊了,就像上課一樣,觀眾根本提不起興趣。」

小閣覺得說得有理,於是又試著學習更多影片剪輯技巧,好讓自己的短片更有趣,畫面更吸引人。

中途,有朋友勸她:「這條路太冷門了啦!你看那些知識型內容,很多人只是存著當資料,根本不會真的去看。美妝、美食、開箱才是大多數人愛看的。」

小閣一度動搖,她也知道知識網紅並不容易做,但哪條賽道才是真正容易的呢?思前想後,她還是認為這條路是適合她的。

有一天,她無意中發現,與其花大把時間找現成素材來做影片,不如用自己旅行時拍的畫面——這些素材更新鮮、更有個人風格,觀眾看得出她不是內容搬運工,而是真正在分享。

那一支支親自拍攝的影片,不僅觀看數大幅上升,也收到不少讚美:「原創素材更有感」、「畫面像在現場一樣」。她知道,自己找到了通關密碼。

於是,她開始頻繁出發——去景區、走古蹟、逛展館,一邊

拍素材、一邊做功課。她把見聞寫成文稿，再製作成科普影片，一條線、一顆顆珍珠，慢慢串起來。

但是，這並不意味著小闊已經可以依靠這條途徑來養活自己。雖然高興有越來越多的人認同自己，但小闊也知道要靠做知識網紅來安身立命，她還有很長的路要走。而現實是再不多一些營收的管道，她很快就要陷入彈盡糧絕的窘境。

這時，小闊從一位關注她的網友那裡得到了靈感。對方留言說：「小闊的文字做得很好，即使只是聽著影片的聲音，也有身臨其境之感。」

小闊想：或許我可以把自己收集素材、研究資料時的見聞感悟寫成稿子。她開始根據自己的旅行經歷寫遊記、寫散文，或結合一些特色文化習俗編寫故事；有的平台有朗讀功能，她還可以藉此為稿件配音獲得額外的收入。這些收入填補了她外出蒐集資料的支出。

這時，有些熟人又勸她：「乾脆轉行去寫稿就好了，文字寫那麼好，又能賺錢！」但這回她沒有一點猶豫，因為她知道：她的靈感、她的作品，是來自那些挑燈夜讀、四處奔波的日子。如果當初沒堅持現在的路，她也不會擁有如今這些選擇。

「在一次次梳理素材、琢磨文字、製作影片的過程中，我不只是整理知識，而是和古人對話；我也透過網路上的回饋與大眾交流，從中汲取智慧。所以才能將眼裡看到的、耳中聽到的，最後都成了我真正的東西。」小闊不會放棄那個還沒爆紅的帳號。因為，正是這一路的堅持，才讓她找到新的出口，在原本窄窄的道路旁邊，開出一條屬於自己的小徑。

小閣雖沒有如預期般在知識網紅的賽道上大展身手,但她的努力與堅持,早已埋下花種,靜靜地開出她該得的風景。

　　這世界上,真的有一些「無心插柳柳成蔭」的驚喜,但前提是——你得先「插柳」,才能收割綠柳成蔭。若從一開始就選擇放棄播種,那麼哪怕是沃土,也長不出半片綠葉。

　　就像《阿甘正傳》說的:「**人生就像一盒巧克力,你永遠不知道下一顆會是什麼味道。**」

　　有段時間很流行一種整人玩具叫「驚嚇盒子」,只要一打開就會突然彈出一個怪模怪樣的小丑或者拳頭之類的東西,也有人借助這一有趣的裝置來給收禮物的人製造驚喜。所以,倘若我們收到這樣一個盒子,在盒子被打開之前,誰也不知道裡面彈出的是骷髏小丑還是鮮花彩帶。但我們仍不能放棄拆開盒子,因為躺在盒子裡的祕密不會主動鑽出來。

　　而我們能做的,就是不斷地拆盒子,拆開一個又一個,哪怕有的盒子裡裝著失敗、裝著苦澀。

　　因為總有一天,會有一個盒子,裝著你從未想像過的禮物。

03　勝負未分，誰都不能先開香檳

在一次釣魚比賽中，小金與小周相識。比賽中，兩人的尾數賽、重量賽各有勝負，整體成績旗鼓相當，於是他們約定賽後找個好天氣再一決高下。

選了一個好天氣，兩人約定一決勝負。比賽當天，釣竿一甩，小周率先釣到魚，氣勢如虹，一桶魚慢慢填滿；反觀小金這邊，魚桶空空如也，毫無收獲。小周越戰越勇，更覺勝券在握。甚至得意地起身活動筋骨，溜達一圈又坐下喝茶，覺得今天贏定了。

一旁的小金不為所動，繼續沉著地等待魚漂的浮沉變化。

但比賽的局面，在太陽逐漸升高後起了變化。小金開始一條接一條地釣上魚來，而小周這邊上鉤的魚卻少了。最終，反而是一開始毫無收獲的小金逆轉勝出。

小周有點遺憾，也有點自惱：「我一開始佔了上風，以為穩贏了。要是途中沒放鬆，說不定還真能贏，我太大意了。」

我們小時候大概都聽過「龜兔賽跑」的故事，自認穩贏的兔子中途睡了一覺，結果把勝利讓給了穩紮穩打的烏龜。小金、小周的釣魚比賽，簡直可稱「龜兔」對決的複刻，「穩贏」的選手中途跑去睡覺、喝茶，不能說不是一種「半場開香檳」的自大行為。這就是所謂的：「比賽沒結束前，誰也別太自信。」

我們都知道不要輕敵，但在現實裡，又有多少人會在眼看勝利在望時，自動鬆了氣、慢了步？

有一次聚會，一位朋友舉杯向另一位朋友說：「今天這頓飯

也算提前幫你慶祝了。」

沒想到對方馬上驚恐地舉手制止：「千萬別這樣說！上次我提前慶祝，結果就翻車了！」

原來，之前這位朋友曾代表公司參加了一場專業領域的比賽，前段表現亮眼，順風順水、一路高歌。他覺得這下「穩了」，於是晚上回到住處還特地點了杯飲料自慶，還私下發表了一些「先用飲料意思一下，等贏了再開瓶好酒」的言論。

誰料，後段項目中，另一間公司的代表居然重新提高了戰鬥力，最後以些微的優勢反超越了他，最終奪得冠軍。

他懊惱地說：「我發誓當時只是自言自語，誰都沒聽見！居然還能被算成立 flag！」

我們聽了連忙安慰他「非戰之罪」，但他心裡清楚——那句「穩了」，或許真的讓自己稍微鬆懈了那麼一點點。

說到底，**不是每一次輸贏都能掌握在自己手裡。尤其在局勢未明之時，更要小心，不要讓「已經很順」成了放鬆警戒的理由。**

有位歷經職場壓力洗禮的朋友總結出一句話：「順境不要飄，逆境不要慌。」——這正是對「成功在久，不在速」的最佳註解。

走在順風路上，別忘記落穩腳跟；穿越逆境泥濘，也得咬牙走完眼前每一步。結果未定之前，我們沒資格自滿；困境未過之前，我們也沒理由放棄。

所以打順風仗時應為全力搏兔的獅虎；在逆風局中應作咬定青山的蒼松，不於高峰上張揚自得，也不在低谷中委靡不振。

別在半山腰就喊風景無趣，也別在黎明前誤以為黑夜永遠不會過去。

尤其在一個又一個迎接風浪、承受重壓的日子裡，更應當安然舉步，跨過外在世界所建構的溝渠和心靈深處瀰漫的霧靄。

　　因為**終點未到，仍有超車的機會；乾坤未定，你我都還是那匹，可能衝出重圍的黑馬。**

山腳人太多，
我們山頂見

先上山追尋夢想，
才會遇到志同道合的朋友。

01 真正的友情，是陪你走上山頂的人

前陣子高中同學聚會，來了不少人。有些人自畢業後就沒再見過，當下真的無法馬上認出誰是誰。

吃飯的時候，楠楠和雨婷坐在一起。她們倆從高一就是同桌，一路是好閨密，這麼多年過去，感情依舊。

不過，當年她們有出現過友誼危機，那時楠楠的學業成績很好，一直是學年排名前幾名的好學生。而雨婷的成績一直都是倒數，但她整天樂呵呵的，也不在乎成績好壞，每天除了畫畫就是看課外小說。

直到高二開始，課業壓力上來了，楠楠更是全心投入大學考試，但雨婷依然沒有方向。兩人開始漸行漸遠，一個忙著拚未來，一個還在原地踏步，連話題都聊不到一塊，友情自然冷淡了。

直到有一天，雨婷突然變了。她不但開始用功，還認真準備起藝校考試，報名了專業的畫畫課。慢慢地，她和楠楠重新找回共同語言，每天討論的也都是和學習有關的內容。雨婷的藝校考試成績不錯，她和楠楠一起考進了同一個城市的大學，兩個人的友誼也延續到現在。

後來我們才知道，當時楠楠曾找雨婷談過，她們分享彼此的想法，一起憧憬未來，兩個人說好先追尋夢想，再一起站在山頂看日出。兩人猶如結伴而行的伙伴，一起度過無數個難忘的日夜，一起經歷過青春的快樂與煩惱，一起面對工作中的困難和挫折，一起從山腳下彼此扶持，再一路走到山頂。

我曾經看過一句話:「**難做的事,反而容易成功,因為走這條路的人少。**」很多時候,你覺得很苦、很累、很難堅持,但正因如此,肯堅持到底的人才有機會看見風景。只要不輕易放棄,就有成功的機會。

這幾年,我常常旅遊,爬過不少山,像是華山、黃山、武功山等,但印象最深最難忘的,是夜爬泰山。

夜晚的泰山顯得特別寂靜,我抬頭望著月光照在山間,山頂像是遠得看不清的夢。拖著吃力的步伐往上爬,空氣稀薄,不知道過了多久,終於爬上了日觀峰,上面已經有了一些人,和我一樣都是從山腳下一步一步走上來的,為的就是紅日昇空的那一刻震撼。

我聽到旁邊的遊客說:「累是真的累,但是登上山頂的那一刻,還有眼前的這片日出,什麼都值得了。這感覺不是手機、不是照片,是自己親眼看到,親身感受到的。」

不想費時費力地爬山,就永遠不會親眼看到山頂的美景,想要享受頂峰帶來的感官體驗,就要付出更多的體力。

任何事物都是如此,從未有意外出現。

山腳下的人太多,大家都擠在一起,好看的景色都要踮著腳尖才能看到,何不盡快上路,一步一步往上爬,你會發現 ── **山頂人不多,風景卻最美。**

02　下定決心那一刻，你的人生就開始上坡了

前幾年上班的時候，我常光顧公司樓下的小超市。老闆有個女兒叫小唐，有一次閒聊，我才發現她跟我竟然是同一所大學畢業的，還是我的學姊。我們兩個都不是特別健談的那種人，但每次遇見，我還是會和她多聊幾句。

一直到我離職前，小唐都還在準備考公職。她的父母和親戚其實並不支持她，因為她已經 30 幾歲了，在長輩眼中，這年紀已經「耗不起」，他們認為她應該趕快相親、結婚、安定下來。但小唐說，有兩個大學同學一直在支持她。這兩個朋友畢業後就考上了公職，工作穩定又有生活品質。

她說自己剛畢業那幾年，其實也想過要考公職，但那時覺得幫父母顧店輕鬆、又自在，不需要拚命，也不相信自己考得上。與其努力，不如乾脆躺平。但日子一天天過去，眼看大學畢業都快 10 年了，她發現自己越來越跟社會脫節，跟好朋友的共同話題也越來越少。那一刻，她突然醒了過來——她想改變，不試試怎麼知道自己行不行？

幸運的是，她趕在 35 歲前順利考上。我是在某次滑朋友圈時看到她的消息，發現她整個人都變了。週末假期，她會跟朋友去小旅行，也會分享和新同事聚餐唱歌的日常，整個人看起來更有自信，也更會享受生活。

她後來跟我說，其實讓她真正下定決心去拚一次的契機，是她在網上看到的一個故事：有一群人約好一起去登山看日落。當

天的天氣預報說「晴轉多雲」，所以到了山腳下，多數人就猶豫了，決定不爬了，因為很大機率什麼都看不到。最後只有幾個人決定繼續往上爬。當他們氣喘吁吁地登上山頂時，果然是陰雲密布，日落沒有出現。但站在山腳下的人慶幸自己沒白費力氣，站在山頂的人卻感動地說：雲霧繚繞的山景，美得讓人屏息。

小唐說，她以前就是那群待在山腳下的人，總是先算風險、怕辛苦、怕失望。但現在的她，想做那個願意登頂的人。山頂到底有什麼風景？她想親眼去看看。

我打從心底支持她。或許那天山頂的天氣真的不如預期，但天氣陰晴不定，心裡有光，就能照亮前方的路。只要你心懷熱愛，每一段努力的路上，看到的都是風景。

電影《當幸福來敲門》中有這樣一句台詞：「**如果你有夢想的話，就要去捍衛它。如果你有理想的話，就要去努力實現。**」小唐就是這樣的人。一旦有了目標，她就去準備、去努力，去改變原本安逸卻讓她不安的生活。她不只是找到了一份好工作，更是在追夢的過程中，重新找回了自信、友情和生活的熱度。

爬山的路從來都不輕鬆。過程中會累、會懷疑、會孤單，也常常得不到旁人理解。但只要還有人對你說：「去吧，上去看看！」那就是一種力量。

你想要成功，就得接受過程的辛苦；你想要站上山頂，就必須願意往上爬。這就是最樸實不過的平衡法則：想要什麼，就得付出什麼。

古人說：「大千世界皆為虛幻，大山看山不是山，只有見相非相，看透本質，才能即見如來。」同一座山，在山腳、山腰、

山頂看到的景色全然不同。你選擇停在原地，那你永遠只會看到擁擠人群的背影；你選擇向上走，或許累得滿身大汗，但也許會遇見雲海、彩霞，甚至一場讓你流淚的日落。

如果不親自登頂，又怎麼會知道那裡的風景，到底是什麼樣的呢？

如果有一天，你站在山腳下，什麼都別想，「爬」就對了。

03　夢想不在起點吶喊，而在終點相見

　　我在大理旅居的時候，有一天心血來潮報名參加了一個徒步鳥吊山的小團，也因此認識了兩位新朋友。

　　這兩個人是彼此最好的朋友，並且都喜歡徒步，笑稱彼此「臭味相投」。據她倆說，她們徒步過很多地方，譬如雨崩、虎跳峽，甚至一起走過烏孫古道。團裡的人都看得出來，她們的體力是我們一般人難以匹敵的，整段健行幾乎是帶著風衝刺般地走完。

　　後來我才知道，她們兩個在經營自媒體，是分享旅遊攻略和日常生活的網紅。在做自媒體前，兩個人的薪水都不高，用她們的話說就是「每次發薪日就像在開玩笑，帳戶裡的數字讓人笑到懷疑人生」但即使工資少，她們還是捨不得放棄旅行，所以即便省吃儉用，也要到外面的世界多看看，但微薄的工資無法讓她們走遍千山萬水。

　　為了圓夢，她們開始經營自媒體。每天都要想梗、拍片、剪輯、互動，所有行為都處在被放大檢視的壓力中。但她們說，這一切都值得。因為這份壓力背後，是流量、是收入，是支撐她們繼續旅行、自由生活的底氣。

　　其實，人生就像一場長途跋涉的旅行，而每一段跋涉，都是在尋找一個你從未見過的自己。很多人害怕失敗，於是還沒出發就先認定自己不行。但其實，正是那份「想成功的渴望」會拉住每個快要掉下去的瞬間，推著你往上走，直到站上山頂。

　　我曾在某個綜藝節目裡聽過一句話：「宇宙承載這麼多能量，

它都不覺得累;那小小的地球上的我們,怎麼會被一點點困難打倒?」只要你有目標、有動力,想改變,就該立刻行動。別讓願望變成遺憾,那些你還沒實現的夢,都在山頂等著你;那些曾經並肩作戰的朋友,也都在山頂等著你喊:「1、2、3!」一起合照,一起慶祝。

站在山腳時,看著眼前高聳入雲的山峰,我想任何人都會神經繃緊,但依然有人會暗自打氣,直面恐懼,然後征服它,爬上去,不留遺憾。

通往成功的路途必然是辛苦的,而這個過程的所有路都是上坡路。有的人選擇石板路,有的人選擇跳石路,路上還可能會有灌木叢或河流,你問他們累嗎?當然會累。但他們還是會繼續走,可能是為了功成名就,也可能是為了譽滿天下,甚至是為了內心的那種「我做到了」的滿足感。因為只有真正站上山頂的人,才知道山頂和山腳到底有什麼不同。

而那些真正登頂的人,往往也擁抱孤獨、享受孤獨。他們明白,一旦習慣依賴,就無法真正走到終點。但他們同時也渴望陪伴,因為他們知道:在那個遙遠的高處,總有人等著你登上去,拍拍肩膀說一句——「高手碰面,相約頂峰。」

第 3 章

擁抱自己的脆弱

人生只有一個方向，
那就是前方

別太在意前途不明、道路曲折，
因為除了往前走，
我們沒有其他方向可選。

01　知道路，就不怕雨大

小黛是那種靜靜站著就讓人想起「書卷氣」的女子，五官柔和、氣質典雅，彷彿從老照片裡走出來。她熱愛閱讀與音樂，平日裡談吐舉止溫婉含蓄，是大家口中的文藝青年典範。但小黛最喜歡的卻是射箭。從第一次握緊弓身、盯住靶子起，她就著迷於這項運動。

她說：「當我握緊弓、盯準靶心的那一刻，眼裡只有箭飛的方向。人在那瞬間，與箭合一。箭破風而出，我也突破了那些無形的阻力。」這份對射箭的執著，早已融進她的人生哲學裡。

有一次，她到外地辦事，借住朋友家。那天傍晚，她結束行程準備返家，卻遇上突如其來的傾盆大雨。

一座城市往往有自己獨有的「習性」，對於久居此地的人來說，因為已成習慣而忽略的生活細節，對於外來者而言可能會成為忽然出現的「意想不到」。因此，朋友雖然叮囑了小黛「這裡下雨時，計程車很難叫」，但小黛還是沒放在心上。 直到站在屋簷下苦等手機叫車時，她才真正體會到什麼叫「一車難求」——100 秒、200 秒、500 秒過去了仍等不到司機接單。手機的電量也開始告急。她環顧四周，見路上壅堵著一動不動的車流，樓前擠著寸步難行的躲雨人，她果斷把手機調成省電模式，撐傘、邁步、直接走進了雨中。

短短幾步，她就濕透了。積水早已淹過腳踝，這幾天她天天走這條路。於是她穿過水窪、越過街角，一步步前行。

走到最後一個大路口時，群車聚集，濁浪翻湧。小黛的朋友來電，焦急地問她是否上車了。小黛告訴她自己的狀況，說已經快到家了，不用擔心。朋友還是不放心，擔憂她看不清深水處的情況，命令她在附近公車站牌下躲雨，等她來接。

濕漉漉的兩人回到屋中，朋友見小黛冷得嘴唇發青，心疼極了，問她為何硬要淋雨走回來。

小黛聳聳肩說：「你看那些車都動不了啊。等也不知道要等多久，坐車也不知道會堵多久。我知道路，向前走總會到的。」

「**向前走，總會到的。**」對小黛來說，行動是一件自然而然、天經地義的事，無論身處怎樣的境況，都應向著目標前進。或許醉心箭術的人便是如此，她的身體如拉開的弓，她的意識是離弦的箭，她定要到一個地方去，為之毫不猶豫地行動，絕不肯遲疑、駐足、後退。

我們每個人此刻站在原點，而一旦行動，人生就畫出一條清晰的線。

哪怕前路迷濛，哪怕大雨仍會落下、暗流仍會湧現，但當你把視線抬高，看向更遠的遠方，你就會明白只要你動起來，向著目標走去，那就是你的路。

我們或許會選擇不同的岔路，但人生的方向終究只有前方。

02　腳下有力，方向就清楚

說到「向前走」,有時我們會感到迷茫——什麼才算是「前方」?那個方向,真的是我們該走的路嗎?

我在一款用來打發時間的經營類遊戲中,認識了一位年紀不大的「好友」。對方自稱 19 歲,確實給人一種年輕氣盛的感覺。因為有一次聊到,現在網路上流行稱那些厲害的人為「大大」,我便笑著給她取了個外號叫「十九大」。還說,等她滿二十歲,再正式升級為「二十大」。

「十九大」這名字雖然玩笑,但她在遊戲裡確實有資格當個「大」。無論什麼時候上線,她幾乎總是在線;只要有新活動,她總能第一時間弄懂規則、出教學攻略。每當我對遊戲卡關、想要偷懶,她總是默默丟來一份「已整理完畢」的筆記。

在這樣斷斷續續的交流中,我慢慢知道「十九大」似乎有十分迫切想賺錢的念頭,她說想試著靠遊戲素材經營帳號、未來當遊戲網紅;也想和自己的哥哥做遊戲代練的想法。

我對「代練」這行沒什麼概念,只聽說過不太好做,因此只是勸她小心、希望她順利。「十九大」的回應倒是讓我印象深刻。

她說:「我盡量吧,但我沒有很多時間可以浪費,也沒有太多本錢來試錯。」

這句話說得太真實。對她來說,賺錢不是「有機會就去嘗試一下」,而是非做不可。即便如此,她的腦子始終很清楚,從不盲衝。不是我盲信這個比我小、卻總幫助我的「大大」,而是她

說過的一段話，讓我確信，她雖年輕，卻早已對人生有所覺悟。

「很早以前我就知道我的人生不會太順利，但沒關係，需要的東西我會自己想辦法。我現在要嘛找到一份能算作事業的工作，要嘛先拿到一筆錢來開啟事業。就算什麼都還沒得到，我也會繼續向前走。」

只要不停下腳步，才會明白行動的力量，就在每一次嘗試中，在每一次堅持中。

根據我的有限觀察，「大大」這群人通常具有「向前」的銳氣，有著「哪怕一無所有也要勇闖天涯」的幹勁和「夢想終將實現」的自信。但「十九大」的向前之路，沒有半點浪漫泡泡。她知道努力不一定有回報，但她依然選擇出發。這不是莽撞，而是一種不被擊退的信念。

在一個尋常的日子，面對熟悉的遊戲，我竟為螢幕另一端的年輕人有此人生感悟而心生觸動。

後來，我對這款遊戲熱情漸淡，但心裡總惦記著她，所以偶爾還是會上線看看。有幾次，我看到她傳來的新消息：她嘗試了代練，雖然不如預期，但至少賺到了一筆起始資金；她也創建了遊戲帳號，一邊經營一邊摸索自己的風格。

「雖然現在粉絲還很少，但我覺得很有成就感。每次多幾個觀看數，或有人留言說喜歡我，就覺得，啊，我真的有在往前走。」最後一次聊天時，「十九大」的字裡行間顯得很振奮。

由於她需要清理記憶體體驗更多遊戲，於是決定刪除我們這款遊戲。她留言告別，我也點下「刪除」，從此與「十九大」告別。像「十九大」這樣一心向前走的人，大概只要她踏出一步，那就

是她的「前方」。

老話常說,種一棵樹最好的時間是十年前,其次是現在。**要起步、要開始、要往一個目標前進的話,「現在」永遠不嫌晚。**

「十九大」十年前如何雖少有人知曉,但她現在已走向自己的未來,我就是見證者。我知她行路啟程應不晚,也料她必把握了人生唯一的通途,只要向前走就是了。

某篇文章中讀到:「生活雖然沉悶,但跑起來就會有風。」

很多人心懷壯志等待東風,可風不是平白產生的。稍微關注過自然知識便可知曉,風是一種空氣流動的現象,等風的人要麼等待他物掀起風來,要麼自己攪動氣流。在現實生活裡也是一樣,想乘勢而起的人,不是去等風,而是自己造勢。

靠別人、靠環境,終究不可靠。想起步、想飛翔、想活出真正的自己,我們無論要從哪種意義上「借東風」,都要靠這兩字:行動。

開始動起來,你就會開始創造風。

然後──乘著自己的風,走向前方。

03　不升級的人生，就該自己跳出關卡

「可以慢，但不能停；可以回頭，但不能退後。」一位老朋友突然發來這樣的文字。

我問她：這是在上班路上等公車有感？還是在人生路上有感？然後她就跟我說了一件事。

朋友公司的廠商業務窗口突然提了離職。業務離職的官方原因是「因個人緣故，不能繼續任職」。但朋友跟對方交接時順便聊了幾句，對方坦白說：「我在這工作已經做了快十年了，不是升職就是離職，不然還能怎麼辦？」朋友聽著也覺得很有道理。她順口安慰了幾句，結果對方的話匣子就此打開，看來是真的悶了很久。

那位前業務說，前幾年沒被升職，她能理解，畢竟那時年輕、資歷淺、貢獻有限。可是等到年年有功、整體表現也很穩定，覺得該提提升職的事了，才發現老闆居然把她當作是個好說話的人，根本沒打算讓她升遷。

「從前說我年輕，要再穩一穩。現在呢？說我是個穩得住的人，要顧全大局，別辜負了老闆的期待！」這話由朋友轉述給我時，語氣裡還帶著一股怒氣。她甚至學著對方的語氣補了一句：「你現在不愁吃不愁穿，錢夠用就好，穩定不比什麼都強。」這一段話更是讓我這個不相干的人都燃起了憤怒的小火苗。

果真一樣米養百樣人！這番話簡直可以在奇葩管理人的排行榜中拔得頭籌。面對這樣的主管，前業務果斷離開。

朋友對前業務主管的那番言辭感到不可思議，說：「什麼叫穩定？人不就是要往上爬、向前走的嗎？我覺得就算七老八十快進棺材了，我也得是在做我想做的事，用完最後一口氣，而不是原地坐著等死！」我也深深地認為是這樣的。

不記得從前聽誰讀過一則小故事，大致上是有一株牽牛花不斷向上攀緣。一路上從蘑菇到欄杆再到大樹，大家都勸它不必如此辛苦，還有花草說：「你爬得高高的，太陽一曬就枯了，不如不要往上爬，躲在陰涼處。」但是牽牛花仍然要爬。它說：「我有能力攀上欄杆、大樹和高牆，就是要在高處迎接太陽。」

爬藤的牽牛花，花朵大而薄，太陽一曬很快便失去了水分，但它也是一種趨光性的植物，看似柔細的莖其實堅韌有力，只要周圍有一點可供攀爬的事物，它必會搶佔高處。牽牛花不覺一路攀爬辛苦，也不為剛感受烈日就枯萎而可惜。

其實做人有時也像牽牛花。我們心中總有一個理想，或者至少是一個執念。我們想著念著，然後動身出發，離開那個本可以讓我們安穩過日子的地方，往前走。

我曾在朋友圈看到一句話：「花自向陽開，人自向前走。」

我更確信：**人生的路從來不是一條死巷，總有另一扇門等你推開。通往成功的方式不只一種，向前走的方向也不是唯一。**

我記得《主持人大賽》裡有位選手說過一句話：「**人生的意義永遠在於突破，而不在於固守。**」在不算漫長的一生中，我們本就是那條不斷延伸的路──

只要我們不怕走、敢於走，路就會展開，我們也就能擁抱那個尚未到來的未來。

讓過去過去,
讓開始開始

該斷的,就斷;
該離的,就離;
當希望萌芽,就為它捧出太陽。

01 放手不是認輸，是讓雙手有力擁抱未來

「都過去了」這句話，書裡常見，但在現實裡，我只聽兩個人講過。

一個是有過幾面之緣的陌生人。

當時我正在散步，忽然聽到大吼一聲：「反正都過去了，還能怎麼樣！」

我嚇了一跳，循聲望去，只見她臉上的五官都因情緒扭曲著，似是憤怒，也像是不屑。

也許是我多心，她可能只是無意地掃了我一眼。但她的聲音很大，大到不覺得自己在吵，也不覺得自己說的話需要避人耳目。

她到底發生了什麼我不確定，但從她那幾分鐘的電話內容來看，大概是搞砸了某件事，情緒正在爆炸：「還能怎樣啊！能把我怎樣？事情都過去了，誰有事沒事來翻舊帳啊！」

這樣的「都過去了」，聽起來像是洩氣，更像是自我防衛。與其說是放下，不如說是在硬撐著往前爬。

這和另一個「都過去了」，卻截然不同。

這是一位經常合作的客戶。我們好久沒聯絡，再聯絡上時，才知道她剛經歷一段黑暗的時間。

在她出差外地時，孩子生病，卻沒大人照顧。孩子本想泡麵充飢，不小心打翻熱水壺，燙傷了大塊皮膚。孩子當時還發燒、頭腦昏沉，一時不知如何處理，竟哭著走出家門，最後是被鄰居發現才送去醫院。

她聽到消息時急得發瘋，但當時正在應付一個難搞的新客戶，對方百般試探又挑剔，她一時間脫不了身。等她焦急萬分地趕回家，孩子的感冒雖好了，燙傷的地方卻留下疤痕。

　　孩子手肘上、腿帶著疤，還十分懂事地來安慰媽媽。而她原本想好好補償孩子的心願，卻換來主管冷言冷語：「果然當了媽就沒拚勁，該退居二線了吧。」

　　同事們也背後議論她：「當媽媽的心也太狠，很不稱職，都不顧小孩。」

　　說起這件事，她表面上平靜，嗓音卻啞了，一團鬱氣堵在她心頭。我正要安慰她幾句時，她卻自己振作起來，收起眼淚、笑著說：「不提了，都過去了。」隨後給我看了她和孩子出去遊玩的照片。

　　照片裡她們站在帳篷前，孩子做著搞怪姿勢，皮膚上的燙傷依然可見，但孩子的笑容卻更加奪目。

　　她看我盯著那張照片，笑著補了一句：「醫生說恢復得不錯，沒什麼大問題。孩子也說：『已經過去了。』」

　　在這兩段經歷中，前一個「都過去了」，只要想起來便覺得耳邊充斥著「還想怎樣，還能怎樣」的聲音；後一個「都過去了」，輕聲低語「一切都會好起來」。

　　我喜歡看別人分享的文字，每一行字句都如同與分享者交流。

　　有一次，一位網友在文字中對我說：算了吧。這三個字看起來很簡單，卻承載太多沉重。我們一生中不知道會說幾次「算了吧」，每一次背後，都是一段苦撐、一個轉身、一次放手。它聽起來像輸了，像放棄，像結束。

但其實，有時候，「算了吧」不是結束，而是新的開始。說「算了吧」的我們，或許是疲憊到無力抵抗，也或許終於意識到，有些執著抓得越緊，只會把自己勒得更痛。

一段關係、一個夢想、一件不斷重來的錯誤⋯⋯當它該結束時，說聲「算了吧」，不代表我們失敗了，而是願意放過自己。

一季花謝，就會迎來下一季花開。讓過去過去，讓開始開始。

對該放下說：「算了吧。」對該來的說：「你來啦。」

02　不是跟痛苦和解，而是跟自己和解。

　　我曾經遇過一位非常典型的「老前輩」，他特別喜歡把自己的人生經驗灌輸給年輕人，還會搭配很多哲理，要我們當成人生教材學著用。

　　那時候我還年輕，自以為很清醒、很有原則，心裡滿是「我才不想妥協」。所以他說的那些大道理，當時我們聽起來不但老派，甚至覺得有點煩，現在多半也記不得了。但回頭想想，裡面其實有些話，如果當時願意多聽一點，也許會是種收穫。像他最常講的一個主題，就是「吃苦」。

　　他會說：「要能吃苦，更要甘願吃苦。」接著就會開始說他年輕時的故事。

　　小時候他就離鄉背井，住的地方很小，十幾個人擠在一起。洗澡有時間限制，熱水也不見得夠用。每天吃的東西，就是勉強能讓你不餓著去工作，沒什麼營養，更別說好不好吃。

　　而他們這些菜鳥就特別得學會「識相」。對那些老鳥要說好話、笑臉迎人，對主管更要主動跑腿、搶著做事，不然人家根本不用明著針對你，一點小動作就能讓你「難過」。

　　講到這裡，他語氣變得沈重，彷彿那些痛苦是他最驕傲的勳章。最後他總會嘆口氣說，那段時期對他來說非常重要，是那段時間磨出來的韌性，讓他走到今天。

　　當時我們坐在台下耐心聽他講，等他進入「人生大道理時間」後，就默默把耳朵關起來。那些話從一邊耳朵進去，另一邊就出

去了。但現在回想,一個人走過那麼多年,不可能一點價值都沒有。

如果命運是一個人,大概就是那種愛惡作劇又愛耍冷的人。它經常給我們丟出一些「玩笑」,有些讓人哭笑不得、事後還能一笑置之;但有些玩笑,不管你過了多少年,再想起來還是會隱隱作痛,就像那種遇濕氣就發作的舊傷,永遠提醒你曾經受過的苦。

所以我們只好學著堅強、學著放下。就像那句很常看到的療癒語錄說的:「**不是跟痛苦和解,而是跟自己和解。**」

能夠從苦難中榨出一點力量,是很不簡單的事。能真正穿過低潮、走出自己內心障礙的人,真的可以說是自己生命裡的英雄。

說真的,不只是老人愛回憶,人生每個階段的人,都可能有一段常常想起、反覆咀嚼的過往。那些人事物早就停在過去了,但記憶卻像時光機,常常把我們從現在拉回到那個時候。

至於過去那些痛,有人說「放下了」,有人說「忘了」,但有沒有真的過去,只有自己最清楚。只要還放不下,就會一直被它牽著走,不管你現在過得多好,未來規劃得多漂亮。

所以,**看懂一段故事的終點,放下那段糾纏**。走出過去,更是走出了新的自己。

03　失去讓我們學會珍惜，也學會繼續走下去

某天，經過一戶人家，看見外牆貼著一張訃聞。我停下腳步仔細看完，才知道這是女兒寫給亡父的文字。

訃聞中說，依照亡者遺願，沒有設靈堂，也不辦告別式，遺體已火化，後事一切從簡。整張訃聞寫得乾脆俐落。我和這對父女素未謀面，但讀完那張文字，卻忍不住想像，他們肯定是內心豁達的人。讓原本沈重的「死亡」與「死別」，竟多了一分輕盈與溫柔。

朋友的至親長輩過世了，得知消息時我心裡十分難受，那位長輩待人和氣，是從小帶大她的家人。

那天告別式現場，我也去了。弔唁者依序繞過靈堂，向棺中安詳躺著的老人致意。朋友和家人安靜站在棺旁，神情哀戚。等到工作人員準備推棺入火化室時，人群中忽然爆出一陣壓抑不住的啜泣聲，氣氛也變得更加凝重肅穆。

我站在人群中，看著朋友，她下意識地朝棺木走了兩步，目光不捨地追隨著那張熟悉的面容，直到完全看不見為止。等我有機會靠近她時，大家已轉移到旁邊的休息室。賓客三三兩兩圍著家屬安慰她們，而朋友因為年紀還輕，又多半在外地求學、工作，身邊幾乎沒有熟悉的朋友。

我走到她身旁，想找一句貼切的話。她的眼睛原本乾澀，這時忽然泛起淚光。還沒等我開口，她立刻拭去淚水，轉過頭來低聲問我：「昨晚你有睡好嗎？你才一下飛機就趕來幫忙，今天又

一早起來⋯⋯」

我輕聲說:「還好啦,我原本還怕來不及。老人家看起來很安詳,應該沒有受太多苦。」

她點點頭,像是自己也在安慰自己,緩緩吐了一口氣說:「對啊,下午三點多才餵完她吃飯——她最近都吃不多,五六點就睡著了,睡得挺安穩的⋯⋯晚上十點左右,我也準備早點睡,睡到一半突然沒聽到她的打呼聲,嚇得立刻清醒,湊過去聽⋯⋯」

說到這裡,她停了下來,看了看其他親人們都還平穩地和賓客互動,才又低聲補了一句:「挺好的,真的挺好的。」

接著,她拍拍我的手,竟然反過來安慰我說:「別擔心了,老太太也好,我們也都好好的。」

從靈堂到休息室,不過短短幾分鐘,她已經整理好情緒,還能回頭照顧別人。平常鑽牛角尖的她,這時卻顯得出奇地坦然。

葬禮結束,生活漸漸回歸平靜。有天,她傳來一段訊息:「**過去了就是過去了,新的開始總會在某個時候開始。**」

我注意到,她原本手上戴著好幾條飾品的手腕,如今只剩下一只老銀手鐲,那是老太太留給她的。

究竟是什麼已經「過去」?是生命的終點,是告別的傷痛。

那「開始」的是什麼?是仍存在心底的深情,是對未來的期待,是重新面對生活的勇氣。

有些事,回不去了,也不需要勉強留住;
有些事,該開始了,就要讓它如常進行。

日落月升,自有它的節奏,我們只需讓腳步繼續向前,總會再迎來新一輪的晨曦。

我曾聽過路人耳機裡傳來一句歌詞:「過去都已過去,未來還沒頭緒,生活總歸要繼續。」「生活總在繼續」這句話乍聽平凡無奇,但在某些時刻,它就是支撐我們撐過當下的。人生的故事總會繼續,哪怕未來還不明朗,我們也已經在路上。

古人說得好:「昨日不可追,來日猶可期。」

時間之河不會倒流,我們活過昨天,也活在今天,更要活向明天。在一次次與自己的過去道別之後,我們將迎接那個不一樣的自己,昂首走進新的每一天。

一無所知的世界，
走下去才有驚喜

前方的路，我們一無所知，
可能是「驚」，
也可能是「喜」。

01 每一次冒險，都是一次成長的邀請

我很少出門旅行，但有一次，翻著老照片，忽然想起自己曾跟著一位長輩，開啟了一場「冒險之旅」。

這個長輩，我叫她蘭姨，是我家幾十年的老鄰居，自己一個人生活了很多年，時常去各種不知名的地方旅遊，她說那才是真正地體會風土人情。

蘭姨很會講故事，社區裡的小朋友都很喜歡她。但大人們對她的看法不一，有人說她怪，大概是因為她總「不在家」，老往偏遠地方跑——最重要的是，她不跟大家打麻將。可在我心裡，她就是個酷到不行的大人。有一天，蘭姨問我要不要出門走走？我立刻跟家人請求，拚了命地想跟去。最後是剛好放假的阿姨陪我一起，才讓我如願成行。

我們去了個小鄉村，村後是一大片雨林。蘭姨教我怎麼搭帳篷、怎麼搭天幕，這是我人生第一次露營，讓人興奮不已。

至於吃的，我們兩個跟著當地人撿了幾樣未知的東西，一路上蘭姨都在跟當地人說話，蘭姨說國語，對方說的是方言，我心想蘭姨果然厲害，方言也能聽懂。

回到駐紮的營地後，蘭姨把那幾樣東西煮了，味道聞起來奇奇怪怪，蘭姨不准我吃。

我盯著那鍋問她：「好吃嗎？剛剛村民有教怎麼煮嗎？」她笑著回答我：「可能吧，我其實也沒聽懂。」

那幾天我一邊期待，一邊緊張，深怕下一餐就是食物中毒。

但也是在那幾天，我看見了很多書裡沒寫、城市裡看不到的事物。蘭姨說，這就是她來這裡的理由。

每一段旅程，每一條路，都可能遇上不期而遇的浪漫，或是措手不及的驚喜。當然，也還有可能吃到疑似有「毒」的食物。

後來我才知道，蘭姨是從事民俗研究方面的工作。她從不畏懼「未知」，無論是塗抹在身上的、穿在身上的、用在生活中的，甚至是吃下肚的，她都願意親自體驗。她說：「如果人類都怕未知，就永遠無法創造我們今天的世界。」

有些時候，我們就像活在一個未知的世界裡。眼前的迷霧，也在你一步步走著時，慢慢被撥開。這條路，陌生、冒險、未卜、充滿謎團。像個蒙著面紗的美人，等你靠近揭開；也像個拳擊手，在擂台上等待刺激的交鋒。

「未知」這兩個字，讓人嚮往，但也讓人遲疑。正因為這份「未知」，讓我們會好奇；也正因為無法預測，我們才會有勇氣繼續走下去。因為走下去，才可能遇見驚喜。

當踏上未知的這條路時，就得先放下過去的經驗與預期，帶著想像力和開放的心，去感受、去探索。

因為未知，我們才會變得更謙卑、更有信心，也更勇敢；我們會退縮，會懷疑自己，也會受傷。但**這些就是生命的滋味，酸、甜、苦、辣，每一種都有它存在的理由。**

02　不敢的那一步，其實是你最該走的一步

一直以來，我都是人群裡不愛說話的人，我以為這算是「社恐」了。沒想到，真正的社恐是「出門都走下水道的」。

那是一場小型的樂團演出，是公司同事邀請我們去的。她請了所有和她交情不錯的同事，因為主唱是她的表妹——小也。

當天現場觀眾大多是小也的親戚和家人朋友，我們來得早，被同事拉到最前排，每個人手上還多了一條印著「小也」名字的應援毛巾。當燈光一打下來，一個戴著眼鏡、穿著襯衫長褲的女孩出現在舞台上。可當她彈著電吉他開口唱歌的那一刻，整個空間像是被點燃了。音符和歌詞像煙火一樣炸開，聲音帶著一種粗糙卻深刻的情感，直擊人心。我震撼了——她的聲音是「野」的，是自由的，是不被定義的。原來，「也」也可以是「野」。

演出完的隔天，同事跟我們說了小也的故事，前一天那個讓我尖叫吶喊，在台上唱著搖滾的女孩，是個重度社恐人士。

小也原本是個網路小說作家，據說當初選擇這份工作，是因為不用出門，不用見人。她最長一次創下紀錄——連續 49 天沒踏出家門。大家開玩笑說，她像是太上老君在煉丹。她自己也笑說：「我就是那顆仙丹。」

小也雖然社恐，但她確實是喜歡樂團，喜歡搖滾，音樂就是她和世界溝通的方式。雖然話不多、外表乖順，但她從小就是個「煙嗓」，唱歌一開口就讓人記住。

家人看她總關在家裡，擔心她與人越來越疏離，於是「舉家

總動員」幫她組了一支樂隊,讓她試著走出去。她開始接觸從沒想過要相處的隊友,站上陌生的舞台,面對完全不認識的觀眾。

我突然想起來,那天開場時,她深深吸了一口氣,然後緊閉雙眼,彷彿在心裡跟自己說:「可以的,撐過去。」她不知道那場演出會不會成功,也不知道會不會唱錯。她只知道這一步,不管走向哪裡,已經值得。

當鼓起勇氣面對未知的世界時,就會發現,**這個世界一步一景,需要一路走一路探索,所遇到的人,無論是好是壞;所經歷的事,無論成功失敗,每一段都是驚喜,每一刻都值得回憶。**

站在路口眺望時,有時前方的路會被迷霧罩住,彷彿在荒野中找不到方向。雖然未知的世界是模糊的,但也是這份迷惘讓它充滿了無限可能。只要保持那份好奇和嚮往,踏上這段旅程,就會發現隱藏在未知下的寶藏。

到未知的世界尋找,這個決定可能是艱難痛苦的,但只要走出來,就有機會面對更加多面的自己。走吧,**勇敢踏出一步,感受世界帶來的驚喜。**

03　不管幾歲，都可以為自己按下啟程鍵

前兩年，我跟幾個朋友一起開車旅行，路上遇到了許多車友。他們每個人都有屬於自己的故事：有還在等的人、有還未完成的事，也有人決定暫時放下過去，勇敢出發，尋找新的開始。

車友裡有個40多歲的大姐，我們叫她胡姐。她一個人開著房車旅行，她說這是她第一次出來旅行。正好我們有段路是相同的，就一起結伴而行。

那天晚上，我們把車停在一個房車營地，和其他車友一起烤肉聊天。每個人都說了一點自己的過去，輪到胡姐時，她說剛離婚，孩子在上大學，於是她決定實現年輕時的夢，就是自己開車去旅行。她說這個夢想從年輕時就有了，但一直沒實現，因為身邊的人從沒支持她，久而久之，她自己也以為自己做不到。

她說：「活到四十幾歲，終於能自己做決定了，而且現在出來看看外面的世界，一點都不晚。」

她還說，她曾在路上遇到七十幾歲的阿姨，一個人騎著小摩托車、背著大包小包，一樣是出來旅行的。**只要鼓起勇氣走出舒適圈，無論年齡多大、人生到了哪個階段，都還是可以獲得屬於自己的快樂與自由。**

雖然胡姐出發前做了不少功課，但她的第一次自駕旅行可以說是「驚喜連連」，排風扇壞了、空調不冷、找不到車位……幾乎所有房車會遇到的狀況，她都碰上了。

但她每天還是笑得很開心，因為這趟旅程是她鼓起勇氣，勇

敢走出來的冒險。她說，這就像一場夢，就算有些手忙腳亂，還是覺得很值得。她不知道未來還會碰到什麼難題，但她知道，她會繼續走下去，享受這段旅程，也期待下一站會有什麼樣的風景。

探索未知的世界，會讓人更懂得珍惜眼前。

因為未來是無法預知的，當下才是最真實的。珍惜此時此刻，感激每一段經歷，才會更有勇氣面對未來。

世界本來就是變化莫測的，我們誰也不知道下一秒會發生什麼。只要願意往前踏一步，就會發現意想不到的驚喜。無論過去發生了什麼，不管是失戀還是失業，只有不斷地豐富自己的精神世界，過去終將會過去，而未來也才剛開始。不管曾經多麼低潮，只要還願意活著，願意前進，世界總會回應我們的勇氣。

說不定下一秒，你就中了樂透，人生翻盤；也可能在轉角遇見一個人，帶你走進全新的世界；或是在一個小鎮的清晨，看到從未見過的風景，心裡突然被某種東西點亮。

「一無所知的世界，走下去才有驚喜」──這句話就像一輪皎潔的明月，把月光照亮在探索未知的路上。人生到底短不短我不知道，但我知道它可以很長、很豐富，只要你願意出發，總有屬於自己的小驚喜。

因為有喜有悲，才是完整的人生；有苦有甜，才是值得的生活；而那些未知中的驚喜，才是真正的收穫。

當你快扛不住的時候，
困難也快扛不住了

如何撐過那段最苦的日子？
就是堅持一秒，再堅持一秒。

01 低谷不是終點,是起點的深蹲

那年冬天,小果失業了。

得知消息,有位朋友對她說,年後找工作,會困難到像在擠進尖峰時段的北京地鐵一樣,能上車就是奇蹟。另一位朋友則說,年前找工作,就好比出門發現地鐵沒通車差不多。

「果實真是個寒冬!」小果在群組裡自嘲式地哀號。

朋友們都說願意幫忙,但那時的小果拉不下臉,再加上她的朋友們大多跟她一樣,才剛進社會,收入都不算高,她怎麼捨得讓他們雪上加霜?

其實,人不太可能會活活把自己餓死。就算沒存款,大不了也還能靠打零工、搬貨、發傳單撐著過日子。但那些工作,完全不在她的職涯藍圖裡。

對於一個身體狀態不佳、精神恍惚疲憊、又自我期許很高的人,要麼得做個不太費力的工作,要麼做個能讓她覺得「我有用」的事。兩樣擇其一才有可能動起來——而那樣的機會並不會自己敲門。

那段時間,她每天早早出門,擠在人潮裡汲取些微熱氣,手上提著便宜卻實用的日用品,睫毛上還結著霜。一離開人群,寒意瞬間席捲全身,連走幾百公尺都像在逆風而行,越走越冷,越走越累。每次站在住家樓下,手伸進口袋掏鑰匙時,都覺得那短短幾秒漫長得像半個世紀。

慢慢地,那個「我要找一份正職工作」的念頭,被冷風和日

復一日的麻痺給凍裂了，取而代之的，是一種逃避的念頭——「不如就這樣過下去吧。」

不用工作、不用面對人群，想做什麼就做什麼，這不是很多人嚮往的自由生活嗎？她也試著快樂地享受了幾天⋯⋯或許說「不快樂地放空」比較貼切。

直到有一天，她為了一款自己也不太喜歡的手機遊戲熬了一整晚，早上醒來的那瞬間，她突然意識到：「我不能再這樣下去了。」感覺自己既不自由也不充實，整個人都彷彿被抽空了。

她想：「我應該學點什麼、做點什麼，哪怕只是研究怎麼煮一碗黑暗料理，也總比這樣耗著好。」

於是，小果下了一個決定——先把「擺爛的自己」當成敵人。

她找了一份兼職。起初，她全心全意地排斥這份工作。她痛恨不能隨時躺平、不能花一小時洗菜切菜、不能隨時追劇、滑手機、玩遊戲，連看小說都變成了奢望。

她那個怠惰的內在人格，每天都在吶喊：「我不要！」好幾次都想丟下那份兼職，重新回到原來那種「擺爛但自由」的生活。

但不知是責任感作祟，還是面子拉不下，她每天還是硬著頭皮把任務完成。做不完就加班，想放棄就忍著，硬是逼自己不對網路另一端的主管說出「我不幹了」。

就這樣，她像是從軟體動物重歸兩腳直立猿的行列。

小果後來說，現在回頭看，那陣子就像一場內心的拔河賽：「想站起來的自己」和「想放棄的自己」每天都在較勁，結果是——想放棄的那一邊，先撐不住了。

所有的努力掙扎，最後都只靠一句話：「再試一次，再堅持

一下。」

　　我看過一句話的改寫，是從《虞詡傳》中來的：「事不避難，知難不難。」

　　說穿了，人生的困難從來不會主動繞過你。它總會在你最脆弱的時候跳出來跟你打招呼，讓你無路可退。但也正因為這樣，我們反而能在一次次撞牆之後，學會把它當成一塊墊腳石。

　　沒有人能一輩子風平浪靜，但那些願意正面迎戰的人，會擁有一種特權——把眼前的困難看小，把未來看大。

　　困難並不可怕，它之所以大，

　　是因為我們還沒踏上前去打敗它。

　　所以，別逃，迎上去，撐住它，直到它自己逃跑。

02　先退的那一方，才是真正的輸家

我從小就愛聽故事。即便我怕生，也願意硬著頭皮去跟陌生人攀談。有一次，我聽到了一個樵夫在深山老林裡遇狼的故事。

故事是這樣的，有個貧苦樵夫，在春季進了深山砍柴。那時官府禁止砍柴漁獵，但樵夫為了生活，只好冒險闖山。

樵夫帶著斧頭，一人進山，卻被一隻餓了一整個冬天的孤狼盯上了。那狼瘦得皮包骨，眼神陰狠，正準備伺機撲上來。結果，樵夫一不小心從小坡上滑了下去，恰巧避開了狼的攻擊。坡不高，狼一下子也能躍下來，但看到樵夫手裡緊緊握著斧子，牠猶豫了。

樵夫摔在坡下，驚魂未定，卻不敢爬起逃跑，因為他知道狼的速度遠勝於人。於是，他乾脆坐在原地，端著斧子，和狼對峙。

狼像個耐性極強的獵手，蹲在不遠處，一動不動，像在說：「你逃不掉的。」樵夫一開始也以為自己活不成了，畢竟野獸的耐性遠強於人。他仔細觀察發現，這隻狼顯然很久沒有進食，氣力將盡。於是他告訴自己，再撐一下，再等一下。

最後，竟是那餓極了的狼先失去耐性，動了退意。樵夫抓準時機，裝出一副精神抖擻、隨時準備反擊的模樣，拿著斧子虛晃一下，狼真的退了。

這個故事，乍聽有點像蒲松齡寫的《屠夫與狼》，但這版本特別強調「堅持」。人狼狹路相逢，為活命而苦熬，先撐不住的就是輸家。如果當時樵夫沒有堅持下去而選擇逃跑，狼很可能輕鬆追上他；即便他選擇反擊，也可能在驚慌中受傷甚至喪命。相反，

他選擇硬撐著不動,結果狼反而先崩潰。這場看似勢均力敵的對峙,靠的不是力量,而是「撐」。

困難和你,總有一方要先退縮,那麼退縮的一定要是你嗎?

電影《白日夢冒險王》中,男主角沃特是一個天天活在幻想裡、不敢踏出一步的人。但當他終於鼓起勇氣踏上旅途,經歷一連串希望與失望交錯的冒險,他才發現自己真正想要的不是幻想,而是親手把幻想變成現實。

那句話我一直記得:「**與其每天靠幻想過日子,不如拿出點勇氣,讓幻想成真。**」

「白日夢」不是什麼羞恥的詞,因為我們每個人在人生的某個時候,都曾用幾分鐘的夢想撐過無法承受的苦日子。只是,有時候當你剛想前進,腦中就會冒出一頭兇猛的狼,牠提醒你危險、恐懼、風險,讓你開始懷疑自己,然後想要原地不動。

可是這頭狼,其實也不見得那麼強。只要你不怕牠、只要你不先退,一步步走下去,那頭狼終究會從你眼前慢慢退場。這時候,「白日夢」也許就不再只是夢了。

戰場上,最先動搖的那一方,往往輸得最慘。當我們與困難對壘時,不要率先轉身為好。

03　努力從不虧本，撐過就是賺到

小萬是一個很拚的人，什麼事都要做到「盡力而為」。她常說：「沒有盡全力導致的失敗，比任何一種失敗都要羞愧。」

有次閒聊時，同事提起小萬剛進公司那會兒。她初來乍到沒幾天，卻快速上手，讓大家甚至忘了她其實是個行業新手。

小萬所在的是個新創團隊，老闆原本做自媒體出身，累積一定經驗後決心自組團隊。因此對團隊成員的專業成長特別重視。

小萬一開始只是幫忙寫寫文案，結果因為參與了內部培訓，進步神速。從零開始，短短時間就站穩腳步，甚至開始扛起核心工作。這一切，不是因為她幸運，而是她夠堅定、也夠努力。

為了不讓自己落後跟不上，也為了成為團隊裡不可取代的一員，她還沒正式上工前，就開始瘋狂準備。她蒐集了大量業界資訊，還從原本就不多的生活費中硬擠出錢，請教專業人士、報名課程。

有同事聽她分享才知道，她那時花了一筆不小的錢在進修上，不免好奇：「你剛進這行、年紀又輕，怎麼會捨得花這麼多錢學東西？」

小萬笑了笑回答：「這就是為了打破資訊壁壘。剛入行的我難免要多踩一些『坑』才能夠徹底融入業界。但有些『坑』是不必要踩的，如果能夠藉助業界前輩的經驗指導，少走彎路就是賺到。一步一步對照自己的工作，那很多我會遇到的問題也就能迎刃而解，完美避坑。」

「反正只要學到東西，我就不虧！」話說得輕鬆，其實小萬那時根本沒多少積蓄。工作還沒正式開始，光是學費、住宿、生活開銷就讓她荷包大失血。她只好再接幾份兼職，一邊賺錢一邊學習。

那段時間，為了保持充沛的精力，她像機器人一樣，晨起梳理一天的工作內容，然後回顧前一天的學習內容；上班一邊工作一邊孜孜不倦地吸收經驗，午休時藉著辦公設備練習影片剪輯的相關專業技術；下班後完成兼職任務，然後謙卑地向約好的「專業人士」請教工作問題，如果對方臨時有事，她立刻回「沒關係，您有空再指點我就萬分感謝」，轉頭又多看一節課程影片；最後沖個熱水澡、保持六小時充足的睡眠，養足精神，隔天繼續上場。

生活規律得像軍事訓練，飲食節省、幾乎沒娛樂，所有原本該用來「享受人生」的時間，全部用在工作和學習上。這樣的節奏別人可能會受不了，但小萬卻樂在其中，沒有一絲抱怨。

等到漸漸上手、能跟上團隊腳步後，她還是沒停下。因為她心裡從來沒有「高枕無憂」的想法。一段時間後她對產業環境更加了解，她便開始規劃下一階段的自我提升。

有次她的朋友聽她講這些經歷，實在忍不住勸她：「你這樣太拚了啦，還是要顧身體啊。」

小萬的回答則很簡單：「更難的時候我都熬過來了，現在算什麼？」

朋友又問：「我很納悶，你到底怎麼撐過去的？」

小萬想了想說：「我也沒想太多，只是一直告訴自己，只要撐過去，就會變好。」

這句話很樸實,卻也很有力量。

有人將一句拉丁諺語譯為:「**逆境是路,星辰是終點,步步向前,終會抵達光亮的彼岸。**」

每個人都會遇到自己的山巒與急流,走過低谷、踩過荊棘、也要記得抬頭望望沒見過的天空。一路上,我們抗著風雨、抗著命運,抗著「你做不到」的聲音,最後會發現,原來我們真的可以撐下去。

每一段冒險故事裡,一定少不了困難與挑戰。但只要你還在走,迷宮就有出口;只要你不退縮,下一步也許就是柳暗花明。

所以,別急著停下,別害怕堅持。你撐得住,就走得遠。

別讓昨天的大雨,
淋濕了今天的你

與其讓過去的陰影籠罩自己,
不如從當下尋找光輝。

01 不讓壞情緒過夜,是給自己的溫柔

在捷運上看到一個小朋友,嘰嘰喳喳的,像隻輕聲啼叫的小鳥,讓人喜歡,卻一點也不吵鬧。

他圍著媽媽團團轉,嘴裡一聲聲叫著:「媽媽、媽媽。」

媽媽一手拎著包包,一手扶住快坐到地上的孩子,語氣有點無奈:「怎麼了呀?」

小朋友抱著媽媽的腿:「媽媽、媽媽,你為什麼不開心呀?」

媽媽伸手把他從背後的小熊貓背包中一把提起來,說:「就那樣啦,快下車吧。」

車門快關上時,還能聽到小朋友清亮的童聲:「是因為昨天的事嗎?可你是今天的你呀?」

哲人曾說:「昨日之我,非今日之我。」那個背著熊貓包的小小哲學家,或許還說不清這句話的含義,但她的話,卻讓人瞬間一震——閃閃發光。因為我們太常被昨天的煩悶、遺憾或情緒困住了。不是現在的我們扛不住生活的難,而是背上了太多昨天沒處理完的包袱,壓得人喘不過氣。

我曾在一場講座上聽過一位女士的分享,她說:「我給自己一個原則——**睡前不生氣,不讓壞情緒過夜。**」

主講人聽了點頭笑著說:「如果我們都能做到這點,不光身體會健康,心情也會輕鬆不少。」然後他也分享了自己的故事。

那天,她和男友「充分交流了意見」——其實就是吵了一架;「未能達成共識」——誰也沒說服誰,誰也不先低頭;「進行了

深刻反思」——氣得睡不著覺。當時已經接近午夜,她告訴自己:「我是個成熟大人了,明天還得上班,現在該睡覺。」可是爭吵後,人的思緒更是活躍,她越是自我安撫越是一遍又一遍想起吵架時的每一句話、每個語氣,甚至是對方的眼神。越想越氣,眼睜睜看著時鐘從 12 點走到 1 點,再到 2 點。

好不容易睡著了,隔天醒來還是覺得整個人「氣鼓鼓的」。不是心理上的,是身體真的「發脹」——胃脹氣、胸悶、心煩,什麼症狀都來了。

「我以前常聽人說胃是情緒器官,那天我總算體會到了。」他苦笑說,「我啊,還是不夠豁達,也少了智慧。」

台下聽眾笑成一片。他最後說了一句我記到現在的話:「**昨天的事,就留在昨天,不要讓它跟著你到今天。**」

這句話,後來常常讓我想起一位大專院校校長在演講時說的話:「**今天天大的事,到了明天都是小事。**」

時間會是最好的解方,它會一點一點幫你把那件讓你痛苦的事抹平。但前提是,你得願意放手,不去抓著那些「早該過去的事」不放。不然,它就會像根刺一樣卡在你心裡,每天都讓你痛一下、煩一下、累一下。

你不該把每一個明天都拿來懲罰昨天。

你可以記得昨天發生了什麼,但不要讓它定義你今天是誰。

你永遠可以選擇,從今天起成為一個更自由、更輕盈的自己。

02　背著過去走不遠，放下才有力氣向前

有一陣子，各種哲理故事流行起來，不管邏輯合不合理，硬是得擺出一個「道理」來。現在回頭看，當時那些書，說是「讀物」勉強算得上，有些內容卻意外耐讀，至今還記得。

大概是在某本雜誌上，讀到這樣一則故事：

有位出了名的「嘮叨老頭」，一輩子最愛說「當年怎樣怎樣」。從年輕到老，他天天跟人講自己的輝煌往事，不是說自己當年多厲害，就是嘆氣說：「我要是當年怎樣，現在就不會這樣了。」

老了以後，他越發駝背，老說腰痠背痛，但還是硬要踱著步伐出門找人講「當年」。有一天，他又在路上高談往事，剛好碰上一位出名伶俐的大嬸。她看著他一邊說一邊拍腰背，忍不住說：「我看您老人家背的東西可不少，難怪總是駝著身子！」

老頭一愣：「我背了什麼東西？」

大嬸笑著回：「您背上全是『當年』啊。」

街坊鄰居一聽都笑了起來。她看見老頭臉色有點掛不住，語氣放軟：「我知道您愛留東西，可是為什麼連那些難受的也要留下？」

我當時覺得，這故事說到「背上全是當年」就夠了，後面的話好像有點多餘。但現在再想，才懂那段看似「贅詞」的話，反而是點醒人的句子。

是啊，回憶的確是人生旅途中的寶藏，把開心和學到教訓的那部分留下就好，痛苦、懊悔、委屈，沒必要老是翻出來提醒自

己活得多辛苦。人都已經夠累了，為什麼還要天天背著那些沉重又沒用的東西過日子？

我想到以前工作時認識的一位女孩，大家都叫她「真真」，因為她做事認真、個性較真，連這個綽號她都欣然接受，還說要把「真真」發揚光大。

「真真」是那種對別人很寬容、對自己超級嚴格的人，幾乎到了「雞蛋裡挑骨頭」的地步。有一次，她送交了一份報告，部門主管只丟下一句：「這寫的是什麼東西。」

這主管是出了名愛挑人毛病，說的話通常毫無具體建議，卻又讓人不得不修改。他總是說些像：「你自己覺得這樣寫可以嗎？還要我說你哪裡有問題嗎？」然後就沒然後了。

很多同事被這樣回應後，不是敷衍了事、就是隨便改一改，但「真真」不一樣，她一定要搞懂自己哪裡錯了、該怎麼改才好。她覺得能被批評是一種進步的機會，就算她也很討厭那個主管，但她更不願意讓自己「放過自己」。

那份報告，她想了一整天，午休時想、下班後還在想，報告後來雖然過關了，她卻仍在反覆琢磨：「我到底哪裡做得不夠好？」

大家都說她是完美主義者。如果她遇到的是懂得欣賞、知道怎麼用人的主管，她可能會有很好的發揮。可惜是她那時一心想證明自己可以更好，卻把太多力氣花在一場沒必要的內耗裡。

她不是被別人困住，是被自己卡住了。**那種「過不去」的感覺，不是來自別人，而是她自己一直不肯放自己一馬。**

最後，「真真」沒有主動離職，是那位主管受不了她這種「認真到極致」的態度，把她調了部門。過不久，她就默默地離開了

公司,沒有聲張,不知道是不是也終於放下了。

我後來在某個留言區看見一句話:「**世界萬物都在治癒你,只有你不肯放過自己。**」我立刻想到「真真」。

是啊,有些人內心強大又負責,反而容易被自己的優點困住。他們什麼都記得、什麼都想做得更好,不管那個問題是昨天的,還是今天的,永遠在找解答,永遠在反省。

但人活著,不該一直這麼辛苦。

相信那些憂愁總會散去,只要你願意。

你可以選擇不再緊抓那些早該放下的錯、不再日復一日為了過去的煩惱困住今天的自己。

因為你的靈魂,本該是自由的、輕盈的、奔放如風。

03　別讓一根羽毛，變成你心裡的大山

當年在前公司上班時，我認識了隔壁公司的章老師。她總是風趣幽默，大方自然，像是作為朋友來幫忙的顧問角色。她從不吝於給人指點，在兩家公司合作的過程中，她總是耐心地協助我們、提出建議。即使後來離職了，我每次經過那一帶，還是會想去跟她打個招呼、問候一番。

有次聊天時她跟我說，其實自己也不是一開始就這麼豁達從容。以前，她跟別人合租一間公寓，因為生活習慣不同，總是摩擦不斷。大家嘴上都說「成年人要有風度」，一開始還會試著好好溝通、互相忍耐。但日子久了，小摩擦累積成一整堆，就像有人在封閉的房間裡撕開了一個羽毛枕頭，輕飄飄的羽毛一直在空氣中打轉，讓人不自覺嗆咳。

章老師第一次「咳嗽」，是因為她工作需要早起，而室友總是夜貓子。連續加班好幾天後，她終於撐不住，火氣上來，語氣很重地請室友安靜一點。

室友則回嗆：「我知道你要早睡，已經盡量放輕聲音了。但我還沒睡，還有事要做，怎麼可能一點聲音都沒有？」

章老師提起這段往事時，有點不好意思。她說當時真的已經累壞，加上情緒累積太久，所以沒控制好脾氣。「那時候應該是癡呆狀態吧！」她笑說。

那次爭執之後，章老師剛好出差兩天。等她回到公寓時，家裡空無一人，室友顯然出門了。她其實還在想該怎麼面對對方，

還在內心演練對話。正當她鬆口氣時，臨時又接到同事請求，只好休假期間再跑回單位處理文件。回到家後，終於與作息「南轅北轍」的室友碰上了。

室友正好煮好飯，看她回來，毫無芥蒂地喊了一句：「快來洗手吃飯嘍！」

章老師一邊吃飯，一邊扭扭捏捏地說：「其實我知道你那時候真的有盡量小聲⋯⋯」

室友卻一臉驚訝地說：「蛤？你還在想前幾天那點小事喔？」對她來說，兩人同住以來彼此都做過調整，也都有所忍讓，既然如此，有什麼好記在心裡的呢？

那天的對話，像一記溫柔卻有力的擁抱，讓章老師真正學會：「讓過去的事，就讓它過去吧。」

她笑說：「我以前真的是出了門就開始反思這件事，稍微有空，就會一直想那天講話是不是太衝、那個反應是不是太過分⋯⋯」她連連搖頭，自嘲那時候真的是「超級內耗王」。

我當時還真的無法把「內耗」這個詞和現在的她聯想在一起。那麼灑脫、幽默的章老師，也曾因一點小事徹夜難眠，也曾在忙碌生活中，不斷回頭懊悔，讓那些不愉快牢牢纏在心頭。

我不禁感嘆，那位室友真的是個了不起的人。章老師也點頭認同：「書裡寫多少『放下』、『釋然』，都比不上她一句『你還想著那點事喔？』來得有力。」

我們常說「人生苦短」，但仍習慣把時間浪費在糾結與苦悶中。

《假如你不夠快樂》這本書裡寫道：「**人生本來短暫，為什**

麼還要栽培苦澀？」每次讀到這句話，我總會忍不住想：**為什麼我們總是笑得不夠自在，總是對悲傷記得特別深，對快樂卻轉瞬即忘？**

有人說，因為那些悲劇總是突如其來、讓人無處可逃，而那些早有預兆卻沒能避免的遺憾，更令人悔恨。於是我們在夜裡反覆咀嚼過往，在白天卻無法安心擁抱陽光。**別人已經享受晴空萬里，我們卻還在心中烏雲密布。**

可其實，光是「現在的你」就已經有足夠的力量。

「博大可以稀釋憂愁，深色能夠覆蓋淺色。」

我們也可以，**用今天的太陽，去照亮那個曾經糾結、內耗、困在心結裡的自己。**

人生海海，
潮落後必是潮起

潮落之後，總有潮起。
正如今日過去，明天還會來。

01　人生偶爾卡關，但請記得你是主角

有段時間，我幾乎切斷了所有社交，包括那些只是被動接收的互動。我決定暫時「不聽、不看、不說」，什麼都不碰，為的是讓被掏空的能量條慢慢回復。

但人一旦太長時間活在重複又封閉的節奏裡，就容易變得恍惚、失去活力。躺在房裡幾天後，我突然想起那段曾經自己在長期獨處中，活成一具空殼的「黑暗時期」，不禁打了個冷顫，立刻從地板上彈起。

那麼，我該做點什麼呢？

正猶豫間，看到某本雜誌在徵稿，主題是〈給18歲的自己〉。看到這題目，我立刻想起自己以前寫過〈給十年後的自己〉。但當時寫完後就被朋友笑說「這不就是小學作文嗎」，我也沒放在心上，任它躺在某個資料夾裡吃灰。

突然興起，我翻找了一番，居然還真的找到了那篇文章。一打開來看，頓時我覺得眼睛受了傷。

那時的我，文筆稚嫩、滿心浪漫，如今看來難免令人尷尬。我本能地想刪了它，手指都滑到刪除鍵上了，卻突然停住。

「幹嘛對自己這麼苛刻？」我低聲自語。

如果連現在的我，都無法包容那個年輕、懵懂、努力表達的自己，那還有誰能包容他呢？

於是，我決定不刪了，反而靜下心把它重新讀了一遍。即使這篇文章日後沒什麼用，也該替它修修改改，再繼續讓它留著，

安靜地發灰也好。

但讀著讀著，心裡突然難過起來。

當年的我，把一封信寄往未來，那如今的我，又能怎麼回應？

要我說些什麼？是「生活雖不上不下，但還算平靜」？還是說「成年人的世界確實難走」？

雖然我從沒後悔過自己的選擇，對現在的職涯也懷抱熱情，但回頭看那個寫信的我，我卻突然覺得自己有些平庸，甚至像是被生活推著走的人。

我看著剛整理好的房間——那個極簡主義的空間裡，像雪洞一樣空空蕩蕩，不禁困惑：我是不是正處在一段自己沒察覺的低谷？

也許是因為封閉太久、或是荷爾蒙使然，又或是某種說不清楚的情緒。但既然心裡的浪潮已經退去，那我就該重新出發，去找回那份奔湧的自由——就把這封信當作一次穿越時間長河的自我拯救吧。

我重新走出那個狹小的空間，深吸自由的空氣，在某個景點遇見了一對年邁的夫妻。

妻子穿著古裝，手持輕羅小扇，笑容滿面地在鏡頭前擺出姿勢。丈夫一邊誇她笑得甜，一邊按快門，另一隻手還不忘扶著自己的腰。

我忍不住拿起相機，拍下這個畫面。走近他們，讓他們看看我拍的照片，老爺爺立刻眼睛一亮，還很專業地評論我的構圖與光線。

我驚訝問：「您怎麼這麼專業？」

爺爺笑得自豪：「我以前開照相館的，這輩子給我老婆拍了無數照片。她是我的繆斯女神。」

奶奶在一旁笑著說他是老頑童，這麼多年還拿她開玩笑。

爺爺說，年輕時奶奶就愛美，喜歡拍照，但兩人工作忙，沒什麼時間外出。現在終於有機會，去實現年輕時的夢想了。說到這裡，他們對望一笑，那種藏在眼神裡的幸福與深情，我立刻懂了──那個年輕時許下的願望，他們此刻正一點一滴地實現著。

我站在原地，心裡那些模糊的焦躁與迷惘，像被溫柔的潮水撫平。我想，我也會像他們一樣老去，會遇到低谷、迷茫與希望交錯的人生階段。

麥家的《人生海海》中有一段話：「**人活一世，總要經歷很多事。有些事情像空氣，隨風飄散，不留痕跡；有些事情像水印子，留得了一時留不久；而有些事情則像木刻，刻上去了，深深烙印，再也抹不掉。**」

麥家說，那些木刻一樣的痕跡，也許是傷疤，會在陰雨天疼痛。但我卻覺得，那些真正刻在生命裡的，不是痛苦，而是勇氣，是曾經的嚮往。至於迷茫，終究會像水印一樣消散。

潮落之後，總有潮起。

正如今日過去，明天還會來。

02 夢想不會過期，等你再一次拾起

一次偶然的機會，我遇見了大學同學娜娜。我們約在咖啡館聊聊近況，她說最近常看到我分享的生活照，還開玩笑問我是不是去學攝影了。

「那些照片真的很好看耶。」娜娜說，眼神裡透著喜歡和一點嚮往。

娜娜大學是學繪畫的。我們會認識，是因為她曾為畫展活動邀人寫文案。記得有段時間她腿受傷，行動不便，無法外出寫生，只好請人幫她拍照作為參考。那場畫展的主題，也正是從這段經歷而來。

我問她現在還有在畫畫嗎？她笑了，還是那種熟悉的淺笑，但少了以前在畫布間飛舞的靈氣。

她說：「畫畫現在只是興趣啦，這幾年也很少碰畫筆了。」

這時我才注意到，她雖然美麗依舊，但那個即使打著石膏也能笑得燦爛的娜娜，好像不見了。

我忍不住問，是靈感沒了？還是生活出了什麼狀況？

她點點頭，有些無奈地說，自從有了孩子以後，她就收掉了畫室。每天圍著孩子轉，家務一堆，畫筆也越放越遠，久了連起筆都不敢了。

娜娜說：「我好不容易坐下準備畫圖，腦袋一片空白，正要動筆，孩子又哭了。」

我猶豫著，不知道該不該問更私人的話題，可是和娜娜曾經

的情誼使我還是想知道答案。於是我問她有沒有請保母幫忙。以她的經濟條件，起碼請人來幫忙帶一段時間是不成問題的。

「有個小生命靠在你懷裡，那種感覺很難說清楚。怎麼說呢⋯⋯我就是捨不得把孩子交給別人。」她有點不好意思地說，像是在解釋，也像是在保護什麼。

我可以理解她的選擇。

於是我邀請她一起出遊，不用遠，就在市郊走走。她考慮了一下，答應了。

大學時她曾經夢想當背包客，尋訪名山大川，遍尋名畫遺跡，將風景留在自己的畫布上。這趟小旅行，像是讓她的夢重新甦醒。

短短兩天，我們爬了山、參觀博物館，還看了一場街頭歌舞劇。那不是正式舞台演出，而是戶外即興的街頭秀。

一群年輕人扮演飛天仙子，沒有吊鋼索，靠的是身體語言與神情，把飛翔的美感演得栩栩如生。他們的服裝簡單，道具也陽春，可觀眾全都看得入迷。

演出一結束，娜娜立刻跑上前去詢問。

這個小小團體的領導者告訴娜娜，他們只是一群業餘藝術愛好者，因為一場關於「飛天」的討論，突發奇想組成這個「平價版飛天團」，憑著一股熱血排練演出。

「這次演完，大家可能都要吃一陣子泡麵饅頭了，之後能不能再聚都不一定。不過，至少我們發光過一次！」領頭人有些傷感，但很快振作起來。

回程時，娜娜一路沉默。快到她家樓下，她才突然開口：「他們明知道條件艱困、也未必有未來，還是盡全力完成了演出。」

我抬頭看她,她笑了,眼睛閃著光:「我想畫畫了。」

不久後,她傳簡訊告訴我,她把那天的「飛天」畫了下來,預計再有一陣子就大功告成了。

「其實那段時間我真的很奇怪。明明照顧孩子很重要,但又不甘心畫筆荒廢。我老公都說那陣子家裡氣氛好緊繃,他講話都要小心翼翼的。現在我不只重新開始畫畫,還教小孩畫,她現在已經會分辨好幾種顏色了!」

娜娜笑說:「如果她不喜歡畫畫,以後學別的也可以。不過我自己想學點新的東西。」

她沒說將來有什麼具體規劃,但我知道,她已經走出那段做什麼都提不起勁的日子,開始為自己建一個新世界了。

「把自己照著理想的模樣,重新養一遍」——我一直覺得這句話浪漫極了。

每個人都會跌進人生的低谷,那些日子你可能正面臨一場災難,也可能被無形的壓力壓得喘不過氣來,但不該就此放棄自己。

水流會轉彎,人生也會有出口。

跳出來,去衝浪,去成為那個逆風而上的人。

第 4 章

成為自己的太陽

命運的方向盤，
該握在自己手上

走自己的路，
點自己的燈，
發自己的光。

01　怪就怪，至少我自由

小初一直是個熱愛冒險的女孩。即使從小到大沒機會攀登雪山或拍攝岩羊的紀錄，她仍能在城市的人群裡，幻想出一場場屬於自己的探險。

十歲時，人們還會誇她浪漫；二十歲後開始笑她天真；三十歲時，乾脆說她「怪怪的」。

平淡的生活，平凡的自己，但小初從未放棄心裡那場冒險。

直到有一天，她在商場的大螢幕上看到一支創意十足的廣告。旁邊一個小女孩悄聲對朋友說：「這個看起來超高級的是不是，其實這個小瓶子只要這樣拍就好了……」

小初心中一動，到網路上學習拍攝手法和技巧，還看到有網友發起諸如「把這塊餅乾拍成我吃不起的樣子」的活動。

她看著那些精彩又搞笑的作品，忽然發現，自己的城市冒險故事，也可以用這種方式實現。

於是她開始撿回從前的攝影愛好，寫下自己的各種創意構思，用鏡頭讓幻想走進現實。但她的作品沒有引起什麼關注，也沒人留言稱讚。

這時候，有人勸她：「這種東西拍拍就好，放鬆一下就好了，何必那麼認真？」但喜歡就是喜歡，不會因為別人的一句話而熄火。

小初知道，她找到了通往幻想世界的通道，怎麼可能輕易放棄？她開始拍將「啤酒瓶蓋的歷險」、「麻雀的尋寶故事」等自

己腦海中的場景復刻到現實生活中來。

這時，有人又建議她：「要不要包裝一下？加點想法，寫個深度主題。」

小初認真思考過，還是覺得「冒險就是冒險啊，大家看了有什麼感覺是他們的事，什麼都不想也可以。冒險應該是自由的，硬要昇華反而就不自由了。」這就是她的答案。

後來，她遇到幾個志同道合的夥伴。她們用最簡單的道具進行創意拍攝，有人設計場景，有人錄音收聲，有人設計光線與色彩，從不同視角刻畫自己的冒險故事。有時為了完成一個鏡頭，她們可能要花上半個月反覆測試；有時又為了實現某個特效，她們要將能收集到的物品和聲音一個一個試過。

沒有華麗場面，沒有流量，更沒有掌聲。小初就在這樣的日常裡，一次次踏上她的冒險旅程。她**不再在意別人怎麼說，也不再對自己動搖。她學會了屏蔽雜音，堅定走出自己的路。**

林語堂說過：「**有勇氣做真正的自己，單獨屹立，不要想做別人。**」小初就是這句話的最佳代言人。她用自己的行動證明，她不是在追求認同，而是在創造自己的世界。

古羅馬劇作家，普勞圖斯也說：「我是我自己的主人。」

在面對質疑和否定時，小初沒有被別人的思想左右，反而更堅定地走下去，選擇做自己的主人，她用執著的內心和堅定的行動來搭建一座屬於自己的舞台。

冒險，不必遠行，也不必驚天動地。只要有心，城市就是探險場，平凡日常裡也能寫出壯闊篇章。

02　就算沒人看見，也要把燈點亮

　　小陳畢業於一所師範學院，懷抱著對教育的滿腔熱情，她毅然選擇來到這個交通不便、資源缺乏的偏遠山村，決心為鄉村的孩子們點亮知識的明燈。

　　當小陳初到這個鄉村時，迎接她的並不是熱烈的歡迎和支持，而是村裡人的懷疑和不認同。

　　「一個小女孩，能撐幾天啊？不過是一時興起罷了。」村裡的老人搖著頭說。

　　「城裡來的，能吃得了我們這裡的苦？大概教沒幾天就逃回去了。」

　　「年紀這麼輕，教得動學生嗎？」一些村民私下議論著。

　　連學校裡的一些老師也不太看好她，覺得她年輕稚嫩，空有熱情沒有經驗，恐怕無法勝任這份艱苦的工作。

　　滿腔熱血而來，卻迎頭淋了場冷雨。小陳心裡的委屈在悄悄滋長。

　　但當她看到那些眼神清澈、帶著渴望的孩子，望著破舊教室裡唯一的黑板，她嚥下委屈，吞下所有情緒，只對自己說了一句——「做我想做的，不能放棄。」

　　她備課備到深夜，昏黃的燈光照不清眼前的講義，也照不清她疲憊的臉；為了佈置教室，她學會修補、手作、油漆……成了學生口中的「手工王老師」；她用下課的時間傾聽孩子的心事，解決一個又一個大人從未發現的困難。她用盡全力，只想給孩子

們一段溫暖又完整的童年。

但努力不一定立刻被看見。在一次期末考中，孩子的成績並不理想。家長們的指責紛紛而來。

「教成這樣還能當老師？」

「這老師一看就不行。」

⋯⋯

小陳說，她會永遠記得那年冬天。教室的窗戶玻璃破了，冷風灌進來像刀割。天還沒亮，她便提早進教室，找來木板和釘子修窗戶，生怕耽誤學生們上課。一錘下去，她砸傷了手指，鮮血直流，但凍僵的手幾乎沒感覺。這時候，許多不被認可的日夜積攢的委屈卻隨著濕熱的血蔓延，由指尖浸透肺腑。

真正疼的，是那口無法言說的委屈——不是傷口，是那股「再多努力也沒人看到」的失落感。

就在她蹲在窗邊偷偷擦著血和淚的時候，孩子們嘰嘰喳喳的聲音漸漸填滿校園。她深吸一口氣，繼續釘著窗上的木板，像什麼事都沒發生一樣，準時站上講台，開始今天的課。

一轉眼，小陳已在這座山村待了十年。曾經的質疑與冷語早已煙消雲散，取而代之的，是人們口中的「好老師」。再提起那段讓人心碎的日子，她笑著說：「我有時也會動搖，但從沒後悔。別人說什麼是別人的事，我做什麼是我自己的事。」

她的故事，就像那句話說的——

「我們無法改變別人的看法，但可以改變自己的心態；我們無法重寫過去，但可以重新定義現在；我們無法掌控他人行為，但我們能把握自己的人生。」

不要讓別人替你寫人生劇本,別讓外界的聲音壓過你心裡真正想做的事。當你不再向外尋找肯定,你會明白,真正有力量的人,是那些即使在沒人看見的地方,也願意堅持努力的人。

　　就像小陳,**當別人不信任時,她選擇堅持。當別人冷眼旁觀時,她默默耕耘**。她沒有改變世界,但她改變了那些孩子的世界。

　　不要讓別人左右你的人生,你要做自己命運的主宰。

　　只有這樣,當我們回首往事時,才「不會因為虛度年華而悔恨,也不會因為碌碌無為而羞愧」。

03 別人說的只是參考,你的心才是答案

　　我有一個畫畫還不錯的朋友,她曾經告訴我一個觀看她畫展的女孩的故事。

　　女孩叫小茗,從小就愛畫畫。只要一拿起畫筆,她彷彿進入一個只屬於自己的奇幻世界,那裡沒有吵雜與評價,只有色彩在紙上奔跑、線條自在延伸。畫畫對她來說,不是興趣,是靈魂的出口。

　　小茗的家庭並不富裕,父母辛勤工作,只能勉強維持家庭的生計。在他們眼中,畫畫不是一條能夠帶來穩定生活的道路,他們認為小茗沒有成為畫家的天賦,擔心她投入過多的時間和精力在畫畫上,最終會一事無成。

　　「別畫了,你沒那個天賦的。畫畫能當飯吃嗎?」父母嚴厲的話語一次次在小茗耳邊響起。其他親戚長輩也不斷地向她重複「體諒父母」、「不要敗家」之類的話。

　　面對家人的反對,小茗的內心充滿了痛苦與掙扎。她深愛畫畫,但又不想違背家人的意願,讓他們失望。最終,在種種壓力下,小茗無奈地放下了手中的畫筆,將那份熱愛深埋在心底。

　　時光匆匆,小茗依照家人期望的道路前行,找了一份穩定卻平淡無奇的工作。生活雖然算得上安逸,但她的內心深處始終感覺到有些東西慢慢消失,漸漸無法填補。

　　直到有一天,她無意間走進一場私人畫展。那不是什麼知名畫家的作品,而是愛畫畫的人的展覽。大廳裡的一幅幅畫作未必

都技法精湛，卻如璀璨的星辰，散發著迷人的光芒。畫家們把自己心裡的故事，攤在畫布上。

她不由自主地走了進去，腳步停留在一幅又一幅的作品前。

那些色彩的碰撞、筆觸的力道、構圖裡藏著的掙扎與自由……一幅又一幅，讓她想起了從前的自己。

小茗的目光停留在一幅特別的畫作上，畫中是一個女孩坐在綻放的花海裡，正專注地作畫。陽光灑在她身上，勾勒出美好的輪廓。那一刻，小茗彷彿看到了曾經的自己，那個充滿夢想和熱情的自己。

那幅畫，正是我朋友畫的。

片刻後，她的眼眶濕潤了，心中湧起悔恨和悲傷。她的家庭條件支撐一名專業的美術生求學創業固然十分困難，但事情遠遠沒到她必須完全放棄畫畫的地步。許多對繪畫有著嚮往的人，可以省吃儉用，在獲得第一筆工資、攢下第一筆存款後，給自己一點小小的獎勵，去購一套工具，報一節課程，或拜訪展出的名家畫作……而小茗的放棄卻如此徹底。

她後悔因為家人的否定就輕易放棄了自己的熱愛，她難過自己錯過了太多可以創作的日子，太多屬於她的色彩和線條，都被她自己親手塵封了。

史蒂夫・賈伯斯說過一句話：「你的時間有限，不要浪費生命去過別人要你過的生活。不要被教條限制，不要被他人的聲音蓋過你內心的聲音。最重要的是，要有勇氣跟隨你的內心和直覺，它們早就知道你真正想成為什麼樣的人。」

小茗在無數質疑聲中，失去了那份勇氣。她不是輸在沒有才

能,而是輸給了恐懼與順從。

她常說,如果能重來一次,她會緊緊握住那支畫筆,哪怕再苦,也不輕易放手。

然而,人生沒有回頭路。唯有從這一刻起,重新審視自己的內心,找回那個熱愛創作的自己,拾起曾經的夢,再一次畫下去。

你的人生是你自己的。

你可以聽建議,但不能放棄選擇權。別讓旁人的聲音蓋過你心裡的聲音。

別再問「我可以嗎?」而是問:「我願不願意為自己再試一次?」

唯有你,知道你真正想過的是什麼樣的生活。

就算別人不理解,也請記得——

別人說的,是他們的路;你走的,才是你的人生。

當你無法掌控自己，
就會被別人掌控

人生是一本書，還是一場戲？
都可以，只要你願意做那個執掌者，
而不是任人擺佈的角色，
重要的是掌控好自己。

01　別讓一天的混亂，拖垮你的生活節奏

　　有一天我狀態鬆散，坐在桌前半天提不起勁。寫不出東西、畫不出線條，靈感像是躲起來不肯見人。我有一下沒一下地敲著鍵盤，又漫無目的地在紙上塗了兩筆，最後索性把椅子一推，滑回手機面前，想著刷點新聞也許能激發些什麼。

　　我一邊滑著「熱門頭條」，一邊點進同類文章。先是關注幾個產業動態，也記下幾個句子準備日後用，但還是找不到那個「開關」。

　　接著就被一則分享吸引走：「我家貓咪為了訓練我狩獵，叼回來一隻小蛇當道具。」從那開始，我就一路滑進這位網友的故事海裡。

　　有人分享跟蟑螂奮戰的場面，有人被小孩作文氣到高血壓，也有人不小心把上司的錦鯉餵到撐死。那一刻，我不再找靈感，卻開始思考——我們為什麼這麼渴望靈感？

　　於是我打開小說 APP，覺得乾脆讓自己沉進虛構的世界裡走一遭。畢竟，單調的生活環境和封閉的生活方式會讓靈感枯竭。這麼想著，我就開始了足不出戶的「世界漫遊」。

　　等我再回神，天已過了大半。我本想悠閒開瓶果酒、剁盤堅果，看場電影，卻一眼瞥見電腦桌上那一團紙筆與未完成的稿件——整個人瞬間清醒。

　　我盯著眼前的混亂，一邊批評自己拖延，一邊又為自己辯護：「反正今天也不是全沒收穫嘛……」但內心其實已經煩躁到極點，

於是我打了通電話給朋友,請她幫我分析一下我到底哪裡出了問題。她問了兩個問題:

「所以,你現在有靈感了嗎?」

「這一天過得算舒心嗎?」

我沉默了幾秒,然後誠實地說——都沒有。

她隔著電話丟來一句:「這就是無序的一天。」

然後她問我:「那你明天有安排嗎?」

我心虛地回應:「可能還是在家寫稿吧⋯⋯」

隔天一早七點多,我家門鈴響了。住在隔壁城市的她,真的來了。她推開我家門,沒給我賴床的機會,直接催我洗臉刷牙,準備開始「接管計畫」。

從那一刻開始,我被「全權管理」:按時吃飯、分工做家務、一起討論情節、規劃段落、集中火力寫稿,再一起回顧、再繼續。不可思議的是,進度真的突飛猛進。

當我寫稿漸入佳境時,朋友也沒閒著,她徵用我的床鋪處理她的工作。在我追上預定進度後她宣布:「這週我會繼續盯著你,直到這篇稿子初稿完成為止。」

那時我才真正明白什麼叫——**當你無法掌控自己,就會被別人接管。**

雖然這次的「接管」來自好友,是笑鬧之中互相鞭策。但說到底,社會可不會用朋友的溫柔來對待一個無法自律的人。**你若一直拖、一直亂、一直放縱,那就會被生活推著走、被別人的安排綁住。**

我有個寫作搭檔說過一句話:「很多人的一生,都是被裹挾

的一生。」

我們從小被要求「要聽話」、「要有出息」，長大後被各種社會規則拉扯著前行。很多人沒意識到自己活得多像一條洄游魚——順流、結群、來回，沒有方向，也不問目的。從生到死，只活在群體預設的軌道裡。

這讓我想起卡繆在《快樂的死》裡的一句話：「**擔心失去自由或害怕無法自主，是還懷抱著希望的人才會有的顧慮。**」

那些看似「失控」的人，有時反而是最清醒的。他們試圖掙脫體制，去找自己的河流；試著不在混亂中漂流，而是真正成為生命裡的掌舵者。

你可以偶爾軟爛，但別讓那變成常態；你可以一時迷路，但別讓自己就此棄守。你若不掌控自己，別人自然會來替你做主。

不想被生活挾制的人，得先練會自我掌控的本事。

因為人生不是你「混過去就好」的過場，而是你得親自寫下的劇本。

02　當你習慣點頭,就會忘了自己要去哪

生活裡的「乖乖女」隨處可見。她們聽話、有禮貌、不惹事,看起來溫順、穩定,是長輩與師長口中的「別人家的孩子」。但往往,這樣的人生,不屬於自己。

小語就是這樣的例子。她活潑愛笑,外表不算典型「乖乖女」,但骨子裡卻極度缺乏主見。她會進入教學領域,並不是出於真正的興趣或理性選擇,而是周遭的「推力」把她推了上去。

還在大學時,很多同學都在準備教檢。她的室友拉著她一起說:「反正現在有時間,搭伴考吧,畢業後就不會像現在這麼方便了。」她就這樣跟著報了名。後來,家裡長輩也輪番上陣告訴她「當老師多好啊」、「女生有份穩定工作最重要」。

尤其是一位姑姑聽她提起很多同學在備考,更極力勸她去試試。小語其實並不排斥,但也談不上喜歡。只是當身邊人都這樣說,當自己被期望這樣選擇,她漸漸也就默認了這條路。

她進入一家私立學校,工作一段時間後,發現自己完全不喜歡那種制度和氛圍,便選擇離職。沒想到家裡炸了鍋,批評她「身在福中不知福」、「吃不了苦」,甚至怪她「不懂珍惜機會」。直到她轉進一家教學機構當老師,家人終於不再嘮叨,彷彿只要她還掛著「老師」這個頭銜,不管是在體制內外,就能放心了。

但這樣的「安寧」,其實只是暫時的妥協。

更誇張的是,小語後來花了很多時間進修、充實自己——這本是一件值得鼓勵的事,卻仍舊不是出於她自己的決定。

身為播音主持老師，她的職責其實並不包括聲樂或舞蹈。但有些家長提出：「我們家小孩的主持老師應該要多才多藝，最好能邊唱邊跳，給孩子藝術薰陶。」

於是小語開始跑去請教音樂、舞蹈老師，自己一點一點學。

有同事勸她：「你把本職工作做好就夠了，別自己加難度。」

也有老師直接說：「要學唱歌跳舞叫他們來找我上課，我才是專業的。」

小語一開始真的以為自己學這些可以讓課程更有趣，對孩子也好。可聽了同事這麼一說，她又開始動搖——自己這樣做，是否反而讓其他人為難？是否逾越了角色的界線？

這些反覆掙扎，透露出一個核心問題：她根本沒有屬於自己的規劃。她的人生像漂浮的浮木，水流推往哪裡，她就往哪裡；別人說什麼，她就信什麼。沒有「想要成為怎樣的人」，也沒有設定任何目標或方向。

或許，即使小語真的鼓起勇氣提出自己的理想，家人也不一定會支持她；但若她連試都不試，連一次為自己做主的經驗都沒有，那她的人生註定只能隨波逐流，被別人的意見決定。

我曾看過作家馮驥才的一句話——

「風可以吹起一張白紙，卻無法吹走一隻蝴蝶，因為生命的力量在於不順從。」

想想看，一個總是依附別人意見生活的人，過不了幾年就會變得迷惘又疲憊。

他們在每一次選擇的關口都小心翼翼，生怕違逆別人；他們把他人的一句隨口建議，當成人生的方向盤，自己卻什麼都沒掌

握。結果別人早忘了自己曾說過什麼,他卻走進了一條原本不屬於自己的路。

而有些人,在別人還忙著為他「下指導棋」時,就已經撿起了屬於自己的棋子。

哪怕走得慢、哪怕偶爾落子失誤,但那一步,是自己下的。

每個人都應該是自己生活的執棋者。就算今天只是「按時吃飯、準時睡覺」這種微不足道的小事,那也是你自己選擇、自己安排、自己完成的。這才是生命的基本姿態。

別讓別人習慣替你下決定。一旦你把主控權讓出去,遲早會被生活推著走,而你只能一邊後悔,一邊說服自己「也還可以啦」。

這樣的日子,不值得。**你的生命不該是張被風吹得東倒西歪的白紙,而該是一隻逆風飛舞、自己決定路徑的蝴蝶。**

03　勇敢成為自己命運的掌舵者

　　在大學任教的朋友和我聊過她的學生——曉迪。
　　年輕人還沒被現實撞得頭破血流之前，總是滿腔熱血，什麼都敢想、敢說、敢做。而曉迪，在這群還保有理想的學生裡，是個特別勇敢的一位。
　　一般來說，師生間關係不會太密切，問問題也多半限於課堂或訊息往來，很少有人還會直接到老師家裡請教。但曉迪是個會追著問題問到老師家裡去的人。
　　曉迪有參加攻讀碩士研究生的打算，所以入學沒多久就主動找機會和我朋友聊天，問問題、請教方向、刷好感度。熟了之後，甚至會直接到她家裡拷貝資料，一邊吃著小點心一邊暢談理想。她們年紀相差不大，雖是師生，更像朋友。
　　有一天下午，朋友邀請曉迪來家裡，想和她分享自己新整理的一批研究資料。曉迪一下課就立刻過來，但朋友一見她，就覺得哪裡不太對勁。
　　果然，曉迪告訴她，自己已經確定了理想的學校和研究方向，也很有信心。她滿心期待地和家人分享，起初父母還算支持，但沒過多久，態度突然轉變。可能是親戚朋友說了些風涼話，也可能是現實的焦慮壓了上來，父母打來電話說：
　　「你考那個，畢業後到底能做什麼？」
　　在他們眼裡，「幸福」好像只等於一份穩定又體面的工作，理想這種東西太虛、太遠，不如有個「飯碗」來得實在。雙方誰

也說服不了誰，爭執越來越激烈，最後曉迪的父親甚至爆出一句狠話——「那你就自己賺錢上學，我們不能白養你！」

曉迪強忍情緒，撐著說：「我知道啊，我都這麼大了，不該再靠父母養。連大學學費也已經是他們借錢付的，我不該讓他們再辛苦了。」說到這裡，朋友也不好再插話，只轉移話題問她接下來打算怎麼辦。

曉迪喝了口冰果汁，壓住情緒後語氣堅定地說：「我還是要參加碩士研究生考試。我會自己打工賺錢，不行的話就先畢業、先工作存錢再考。反正我會想辦法，沒那麼容易放棄。」

後來，曉迪的父母多次打電話來商量，從最初的堅決反對，到態度逐漸鬆動；曉迪見家人願意好好溝通，也放軟了口氣，但她依舊堅持邊念書邊打工，還去研究各種獎助學金和補助政策。

她曾拿著厚厚一疊「問題本」到朋友家問問題，一邊說：「我不會讓任何事情影響我，除非是我自己讀不好。」

朋友知道，儘管曉迪表面堅強，家裡的那場衝突還是留下一些痕跡。擔心她壓力過大，朋友語氣和緩地說：「你的準備比多數人早，平時成績也不錯，成功的機率比較大。但你也知道，變數總是很多，在沒出結果前，別太放鬆、也別太緊繃，最重要的是穩住自己的心。」

曉迪聽了點點頭，很快接話：「我知道不容易。如果第一次沒上，我就再考一次。」

後來的結果也正如她預料——她第一次考試失敗了。但她沒有放棄，而是如她所說，再拚一次，最終如願以償。

曉迪的勇氣，從來不是魯莽的衝動。她不是沒看到前方的困

難與阻力,而是選擇不讓恐懼和退縮主導她的決定。她穩住情緒、穩住腳步,努力讓自己往夢想的方向前進。

有句話說得好:「**勇氣不總是咆哮,有時它是一種平靜的聲音,在一天結束時說:我明天會再試一次。**」

那種不吶喊、不張揚、也不急著證明什麼的勇氣,才是真正的力量。**掌控命運的人,未必天生強大;但他們懂得堅持,懂得調整,也懂得為自己撐下去。**

願每一個人,都能**勇敢成為自己命運的掌舵者**。

不管夢想多遠、不管路有多難,都能抬頭挺胸,走下去。

沒有方向的船，
怎麼划都是逆風

不是所有的路都會通往羅馬，
選對方向，努力才有意義。

01　別為了不迷路，而選擇待在不喜歡的地方

有段時間，網路上流行一個話題：「一個人在週末可以做的十件小事」，其中有一個是隨機搭上一班沒坐過的公車，然後選一個對眼的地方下車。

這勾起了我以前喜歡搭車隨便亂晃的回憶。那天陽光不刺眼，風也涼爽，我決定重拾那種「亂走亂看」的自在感，讓腳步帶我去個陌生的地方。

我沿著樹蔭走走停停，偶然看到一間裝潢別緻的小店。門口掛著木牌寫著「酒館」，旁邊擺了幾盆吊蘭和叫不出名字的盆栽。門框上吊著一串用小貝殼與海螺串成的門簾，風吹過時輕輕搖晃，像裙角隨風起舞。

那種隨興又清新的氛圍，像是磁鐵一樣把我吸進去了。

我撥開門簾進門，裡頭沒什麼客人，老闆聽見聲響有點驚訝，大概這時段來客不多。知道我是來喝一杯的，她替我調了一杯低酒精的雞尾酒，再端來一盤楊梅與堅果拼盤。我一邊啜飲，一邊欣賞店內的裝潢，她則端著酒坐過來與我聊天。

老闆叫麗麗，今年 38 歲。三年前，她放棄了大城市的工作回到自己的家鄉，花光積蓄買下這間店，從設計到裝修全都親自來。

「就像小燕築巢，一點一點，把自己的王國蓋起來。」她這麼說。

年輕時，麗麗其實不喜歡快節奏的生活。但當時大家都說：「年輕人就該出去闖、該拚、該上進！」於是她也跟著湧入外地，

開始那段長達十幾年的職場生活。

「我真的努力了。剛畢業的時候常常加班到凌晨，生活裡除了工作什麼都沒有。可是到了35歲，突然就開始聽說有人被資遣、有人被迫轉職。回頭看著自己的工作，好像也沒有什麼『非我不可』的價值。這時中年危機感突然在我身邊蔓延了。」

麗麗一口灌下手中的酒，長嘆了一口氣。

她說，那時公司裡越來越多年輕臉孔，一張張意氣風發，而她，卻越來越看不清自己的未來。

她曾經相信：「世上無難事，只怕有心人。」但到了某個年紀，她開始懷疑：是不是我其實一直在錯的方向努力？

直到有天，她在網路上看到一句話：「**不要害怕調整方向，有時候，最勇敢的選擇，就是承認過去的路走錯了，然後轉身，走上新的一條路。**」

她說，就是那一刻，她決定轉彎。於是就有了這間酒館。

我問她，開店會不會很累？生意好嗎？

她笑了：「累啊，但開心。」

「你知道那種感覺嗎？就像以前的生活，是駛在一片迷霧的海上。四周霧茫茫的，有人打燈，有人發號施令，你只能照著別人說的方向往前衝，根本不知道自己要去哪。但現在呢？風再大、浪再急，我也不怕，因為我心裡知道我在往哪裡走。心有方向，本身就是一種底氣。」她說這段話時，神情堅定，眼神像有光。

沒有方向的努力，就像無頭蒼蠅亂撞，耗盡力氣卻始終在原地打轉。

以前的麗麗，就像是個迷途的登山者，一直在半山腰繞彎打

轉，盲目努力，付出了那麼多的汗水與心血，卻遲遲得不到預期的回報。但現在，她找到了自己的指南針，終於能安心踏實地往前走。

方向錯了，再努力也只是離夢想越遠。

方向對了，每一小步都離成功更近點。

找到你的方向，才能登頂人生這座大山。

所以別急著證明自己多努力，先問清楚：你要去哪裡？你走的方向，是你真正想要的嗎？

找對方向，才有意義地努力。

那才是一條走得值得、也走得久的路。

02　別和蜜蜂比採蜜，你是能扛十倍重量的螞蟻

　　小慧是一個一看就知道有主見的人。她的眼神總是黑亮黑亮的，閃著一種堅定而不動搖的光。從小，她脾氣就倔，主意也大，做事總帶著一股「不到黃河心不死」的氣勢。

　　因為小時候崇拜運動員，她決定加入兒童乒乓球隊。雖然天分普通，但靠著那股不服輸的韌勁，她硬是堅持了整整七年。

　　後來，她被診斷出腱鞘炎和肩周炎。這不是突發性的，而是她長期私下加練、過度使用手臂造成的慢性傷害。教練和她的父母多次討論之後，決定讓她退隊。這對她來說是個巨大的打擊。

　　小慧不服輸。她心裡始終相信：「只要我夠努力，就一定能贏。」所以即使退了隊，她還是每天偷偷練球，不讓爸媽發現。可惜這樣的堅持，不但沒讓她變得更強，反而讓傷勢更惡化了。醫生對她下達了警告：如果再這樣練下去，不只不能打球，連日常生活的手部活動都會受到影響。

　　小慧開始變得消沉，像是整個人都被抽空了。就在這時，教練主動找她聊聊，問了她一個問題：「蜜蜂跟螞蟻都是非常勤勞的動物，如果讓牠們比賽，你覺得誰會贏？」

　　她毫不猶豫說：「看比什麼？牠們擅長的東西根本不一樣。」

　　教練點頭：「對啊，方向不同，怎麼比？那你為什麼非要跟『蜜蜂』比採蜜？」

　　她愣住了，陷入了思考。這句話像一顆小石子落進心裡的湖水，蕩起層層漣漪。過了一會兒，她抬起頭，那雙曾經失去光彩

的眼睛,又重新亮了起來。

「我真是⋯⋯腦袋打結了。我會找到自己的路。或許,這條路上,還是可以帶著我的球拍。」

螞蟻擅長搬運,就算是比自己體重重十倍的食物,也能拖回巢穴;蜜蜂擅長採蜜,能釀造出香甜的蜂蜜。如果硬要讓螞蟻去跟蜜蜂比採蜜,就算螞蟻再怎麼努力,也永遠不會贏。

因為牠們本來就是不同賽道上的兩種動物,根本沒有可比性。

人生也是這樣的。就像蜜蜂和螞蟻一樣,非要把螞蟻放在不合適的賽道中與具備優勢的蜜蜂競爭,最終結果自然可想而知。**方向錯了,就算拚盡全力也只會越走越遠、越來越心累。**不是因為你不夠努力,而是你正用盡全力,往錯的方向狂奔。

與其在錯誤的賽道上燃盡自己,不如停下來,轉個彎,去找真正適合你的那條路。

只要方向對了,就算路途再遠,終有一天也能到達。

你可以走得慢,但別走錯。

人生不是一條筆直的軌道,不會只因為努力就順風順水。它更像是一片廣闊的曠野,沒有人能替你畫好路線圖,你得自己一步步走出來。

當你選對了方向,走的每一步,才會真正算數。

03　你不是瞎忙，你是在為夢想布局

　　還在唸書的時候，小發就對我說過，畢業後她想從事自媒體行業，正好當網紅還可以發揮她的「戲精」本質，非常適合她。

　　畢業後，她真的去了網路公司，從基層做起，當起了主播助理。每天跟著團隊裡的網紅拍素材、寫故事、編腳本，工作時間顛三倒四，熬夜成了日常。

　　有一次我放假去看她，她瘦了一大圈，整整少了十公斤。她自己也覺得累，但發自內心地覺得自己的選擇是正確的。

　　她說得沒錯。這是一班已經快發車的自媒體末班車。比起早年網路還在萌芽階段的紅利時代，現在網路上高手雲集、百花齊放，要讓自己的帳號紅起來，真的不容易。

　　但小發從不怕難，剛開始她幾乎把所有時間都拿來研究故事、拍片，光是調整打光位置、拍攝角度、運鏡方式，就能重拍個七八遍。十幾支作品發出去，粉絲量依然少得可憐。面對這樣的情況，她卻很滿足，雖然粉絲量很少，但每天都有小小成長，她相信自己已經找到了正確的方向。

　　努力是成功的基石，方向是指引你攀登高峰的地圖。小發認為自己手裡拿著正確的地圖，即使遇到困難也一定能成功跨越，而且萬事開頭難，總不能遇到點坎坷不平就繞道而行。

　　她知道自己還不夠熟悉整個產業，所以決定先在公司裡好好磨練，藉著主播助理這個職位抓緊機會給自己「充電」。熟悉網紅的日常、抓住行業節奏、把握各種內容製作流程。時間越長，

就越清楚如何剪輯影片、拍攝、分析網路爆點、洽談商務等，她也變得越來越專業。

她逐漸變成了全方位的自媒體工作者，也把自己的帳號經營得越來越上手，粉絲數漸漸突破十萬。

那天，她打電話給我報喜。一講完數字，她就忍不住哭了出來。那是從她心底湧出來的眼淚，是對這一年多來無數熬夜、無數重拍、無數次懷疑自己的肯定。她沒有放棄，終於熬出了一點成績。

她從來不是瞎忙，她每一步都有清楚的規劃，就像運籌帷幄的軍師一樣，下一步要怎麼走，早就有盤算。她也知道，網路上的一時爆紅並不難，但要走得久，走得穩，才是真正的挑戰。她總是緊跟時事、抓準熱點，時刻保持對網路風向的敏銳度。

皇天不負有心人，小發逐漸有了一點知名度，陸續開始接到商業合作，慢慢有了點名氣，也存了一些錢，算是小有成就。

有次小發讀到《歌德的格言與感想集》裡的一句話：只有真正了解自己的力量，並且懂得謹慎使用它的人，才能在世俗事物中獲得成功。她覺得自己目前還有很大的發展空間，她還要製訂下一步的計劃，繼續朝著自己選擇的方向前進。

人生就像一艘船，方向才是舵。如果沒有方向，怎麼划都是逆風；如果方向對了，就算慢一點，也終究會靠岸。只要你知道自己要去哪裡，再遠的路也走得心甘情願。

心之所向，素履以往，努力不會白費，只會累積成回報。

就算會遇到風雨、會有挫折，但只要你心裡清楚自己為什麼出發，方向是對的，那麼再累也值得，再難也不怕。

允許事與願違，
允許偶爾枯萎

花謝了可以再開，
我們也可以偶爾枯萎。

01　枯萎過的人，才知道怎麼重生

年輕時我喜歡在騰訊 QQ 空間發「說說」，現在打開那個企鵝圖示，大概只是在收訊息的時候偶爾點進去瞧瞧。

某天突然跳出一則通知：「空間有訪客來過」。我順手滑了進去，本想隨便看看，沒想到越滑越有興致，開始翻找那些早就被時光掩蓋、功能也更新過幾輪的舊回憶。翻著翻著，居然發現有個相簿居然上了鎖，設了密碼。

我突然燃起好奇心，也許是因為這次的「探險」對象，是那個曾經的自己。我其實可以直接登入去看照片，但不知為什麼，我想像個陌生人一樣，重新拜訪那段舊日歲月。於是我特別用了一個很少用的小號登入 QQ，然後一個一個嘗試從前常設的密碼。

試了好幾輪，全數失敗。

有個好消息是，當年我還設了密保問題，答對問題就可以進入相簿；壞消息是，我早忘了答案。

我當時設定的密保問題是：恐懼。

我愣住了——當年的我在害怕什麼？那個自信滿滿、意氣風發的自己，居然也有恐懼？

我苦思良久，沒什麼頭緒，最後在某則「說說」裡找到線索。原來那時我最怕的是「事與願違」。

「願」這個東西，看似虛幻，對人卻意外重要。人生每個階段、生活中每個小場景，我們都會生出無數個「願望」：如希望今天出門不塞車；希望這次報名能順利入選；希望自己四十歲前

財務自由。

這些願望一旦沒實現，就可能擊潰一個人；小小的失落，也能拖垮整個精神狀態。更別說那些真正重要的夢想，若事與願違，打擊有多大。

少年時那份對「願望落空」的恐懼，其實特別合理。但仔細一想，現在的我，似乎已經不太怕了。難道生活太順了嗎？我檢查自己，發現我依然會失敗、會受挫、會跌跤，並沒有比較幸運。

只是，我開始明白：枯萎，也是生命的一部分。

我曾有一段時間，興沖沖地想當「手作網紅」。問題是，我腦子充滿靈感，手卻不太聽使喚。於是靈光一閃，我改做「失敗的手作網紅」，專門分享自己的翻車過程，讓別人笑一下也好，或者借鏡一下也行。結果連「失敗的手作網紅」也失敗，沒做成。

熱情一過，我終究還是那個手殘黨，連自嘲都變得力不從心。那段時間，連我自己都忍不住在內心貼上標籤：不適合、做不到、算了吧。

有位跟我很親近的女士，一開始全力支持我，對我信心滿滿，覺得這點子一定會紅。結果我失敗了，她反而比我還愧疚，一直說是她把我捧太高，讓我摔得太慘。

我笑著回她：「這只是一次選錯跑道而已，好歹現在我知道這條路不適合，少走了一段冤枉路。」

她聽了直點頭，最後感慨道：「你真的長大了啊。」

原來，這就是所謂的「長大」。

正如史鐵生《好運設計》中所言：「**大劫大難之後，人不該失去銳氣，不該失去熱度。你鎮定了，但仍在燃燒；你平穩了，**

卻更加浩蕩。」

一次願望落空，不代表未來全是空白。那顆沒結出果實的種子，或許會長出一片綠葉、一點樹蔭；甚至什麼也沒長出來，也沒關係。你可以再種一顆。

如果命運不夠寬容，我們為何不對自己寬容一點？

允許願望落空，允許計劃失敗，允許熱情熄火，也允許自己暫時枯萎。

因為我們知道，花謝了會再開，

你，也會再站起來。

02　放下那場崩塌，才看得見其他可能

每年，總有一群懷抱熱血與夢想的年輕人踏上創業之路。但現實從不講情面，風浪一來，便足以把人掀翻。失敗來得快、來得狠，常常在毫不預警之下，一口氣打碎所有關於未來的想像。

有個女孩，叫耀耀。她喜歡咖啡，也喜歡那種坐在咖啡館裡看書寫字、讓午後陽光灑進來的浪漫氛圍。為了實現心中這個溫柔又美好的畫面，她決定開一間自己的咖啡店。

她押上了全部的積蓄，事事親力親為，用最誠懇、最熱情的態度對待員工與客人，盼望著建立一個像家一樣的地方。每一個熬夜到天亮的日子，她一邊打拚，一邊想著未來某天，自己也能坐在那片窗邊陽光下，心裡湧出無窮的動力。

但最終，耀耀的咖啡店還是撐不下去了。

咖啡師離職、客流量下滑，一連串變故像骨牌效應推倒了耀耀的夢。店關了、債欠了，她說，最讓她難以接受，而是不知道自己到底敗在哪裡。是選址錯了？管理出問題？還是，只是時運不濟？

「我連錯在哪裡都不知道，那我還怎麼再開一次店呢？」她滿臉落寞。

那段時間，耀耀像被抽乾了整個人。朋友們勸她：「別再冒險了，趕緊找份穩定的工作，先把債還了吧。」但她怎麼都甘心不了。她常常反覆翻看當年的報表、收支分析、企劃書。她走進每一間路過的咖啡店，觀察布置、研究菜單。雖然生活困窘得不

像話，但咖啡她仍天天喝，咖啡店也天天逛。那種「不死心」的氣味，誰都聞得出來。

對有些人來說，一旦失敗，就像被點燃了什麼似的，會為了再次站起來而不斷衝刺，直到真的成功，或累到撐不下去。只是，有些「失敗之花」最後開成了釋懷與勇氣；有些卻被緊緊攥在手心，反而不敢鬆手、不敢向前。耀耀就是後者。

她心裡一直有個結：「我到底怎麼會失敗？」這個問題像藤蔓一樣纏住她，讓她怎麼都走不出來。她試著回歸職場，但每一份工作在她眼裡都無聊得要命。所幸，她在一間公司裡遇到了一位願意傾聽的上司。

某次耀耀因心不在焉而搞砸任務。耀耀以為會被責備，沒想到對方只是耐心地問她：「你當初開店的時候，到底是想賣咖啡、賣配套甜點，還是想創造一個可以讓人放鬆、談天的空間？這兩者行銷的方向不一樣，對資源的投入要求也不一樣。」

這句話，像一根針，刺破了耀耀自以為明白的那一層幻想。

她恍然發現：自己嚮往的，其實是那種讓人想久坐、讓人回味的氛圍感；可她真正做的，卻只是靠飲品甜點撐起來的街邊店，而她的資本與規模，根本負擔不起她心裡那套理想模型。

上司嘆了一口氣，看出她的思緒又飄回到過去那間店，語氣變得柔和：「你是一直有夢，也真的很努力。但你現在到底是在努力，還是在執著？」

耀耀愣住，聽不懂上司口中「努力」和「執著」的的意思。

對方繼續說：「你現在來工作，目的不是為了重新存錢金開店嗎？可是你有在認真存錢嗎？你當然應該去了解不同咖啡店的

經營模式,但誰會隨便把自己如何獲客、主要營收項目告訴一個來喝咖啡的人呢?」

上司恨鐵不成鋼似的吐出一串話:你還被困在那一次的失敗裡。走出來吧,別再一股腦亂衝。**失敗沒那麼可怕,可怕的是你一直盯著那場崩塌,看不見其他的可能。**」

「我沒說不公平,也沒有抱怨,我說我知道了。」

滑手機時看到這句話,狠狠擊中我心裡某個區塊。我腦海裡浮現許多在失敗後情緒崩潰的面孔——有人哭天搶地、有人變得尖銳、有人整天只剩抱怨。我一直相信,受了委屈要傾訴,遇到不公要抗爭,無論有沒有人在乎自己,起碼自己要在乎自己。但「失敗」這件事,比想像的還複雜。

它不是一場抗議就能逆轉的命運,它像是梅雨季泡爛的紙,一層層被濕氣浸透,直到無法再回復原狀。

那些**總是惦記著失敗的人,很難變成堅定的愚公或奮力的精衛,反而更容易在失敗裡迷路,走不出山與海。**

如果一件事錯了、沒達標,那就是失敗了,但失敗只是失敗,**天不會那麼輕易塌下來。**

03　接受失敗,但不臣服於它

接到了許久未聯絡的小程電話,一開口就是:「你現在方便嗎?有空嗎?」

我一說可以,她便像開閘的水一樣「劈里啪啦」講了一大串。

原來,小程最近捲入了一場職場鬥爭。她原本只是照著上級安排,被提名為新部門的管理層候選人,沒想到一踏進選拔流程,才發現這根本是一場角力大賽。她所在的新部門業務橫跨銷售、服務、策劃等老牌單位,自然成了各部門想插旗的地方。人人都想塞自己人進來,場面撕扯得不留餘地。

由於小程和現任主管來自同一單位,彼此又熟悉,主管曾暗示升職機會時,她一度以為事情已經塵埃落定,結果只是主管們放話放得漂亮,實際上是開放式提名,讓大家互相競爭。小程說她不氣這點。

「我原本就有自信,不怕競爭。真的輸了,也不過是技不如人而已,沒什麼好丟臉的。」她說這句話時語氣突然拔高,像憋了好久終於一口氣說出口。我下意識把手機拉遠了些。

可偏偏,就在評選的關鍵階段,她的下屬搞砸了一件事。不是那種驚天動地的大錯,但也足以讓整件專案變得一團亂。那位下屬不敢報告錯誤,反而先跟某個「看起來善意」的競爭對手傾訴。對方立刻動作,搶先一步處理了大半爛攤子。

最後,那位競爭對手順利上位,原本犯錯的下屬也轉進了他的團隊,而那剩下沒清完的問題,還是得小程接著收拾。

從頭到尾聽完這部「職場短劇」後，我正準備開口安慰她幾句，小程卻已冷靜下來：「唉，不用安慰我啦。我能打這通電話給你，就代表我差不多消化完了。就是想找人吐吐苦水，說完也就沒事了。」

　　她一邊說，一邊笑著補上一句：「我可以輸，但不會因此擺爛。失敗這件事我心裡過得去，但這不代表我就此停下腳步。」她的語氣很平淡，卻有股讓人佩服的底氣。

　　小程是一個很特別的人，她接受失敗，但不臣服於失敗。她像一棵老實生長的樹，風吹來就搖搖葉子，結了果實便彎彎枝頭；風雨輪迴，她依然在自己的節奏裡，直挺挺地站著，誰也無法輕易折斷。

有時，我們會零落成泥；有時，也會極盡妍華。但生命並不是場場都開花。真正讓人動容的，不是沒失敗過，而是輸了還能站起來；跌倒了，不急著忘記，而是靜靜記住教訓、慢慢積蓄下一次躍起的力氣。

　　那些不肯承認敗落的人，和那些早早選擇放棄的人一樣，最終都會陷在泥沼裡無法自拔。

　　唯有**真正「輸得起」的人，才能把失敗當作轉身的助跑，往前，重新出發。**

人的一生，
唯一的 KPI 就是堅持做自己

我們本來就不需要活在他人的評價裡，
人生真正的任務，是找出那件讓你感到快樂、踏實，
並願意為它持續努力的事。

01 你可以是媽媽、員工，也是跳舞的女孩

對多數上班族來說，「公司團體活動」根本是一道職場魔咒，能閃就閃，卻又無法逃避。但偶爾也會有一些意外的驚喜，明明短暫，卻足以讓人暫時忘記團體活動的尷尬與壓力。

我以前待的公司，一年會辦兩到三次團體活動，多半是聚餐、唱歌這類輕鬆的活動。聽起來應該很好玩吧？但公司管理階層平時管得嚴，脾氣也不太好，連聚會時都很嚴肅。在活動時也表現得不苟言笑，我們幾乎都是硬著頭皮參加，沒什麼期待。

但有一次，真的讓我意外。那場活動是為了歡迎幾位新同事。唱歌時，有位新來的鄭姐，直接站起來跳起女團舞。雖然她已經40多歲了，但她的每一個動作都很和諧順暢，每一次轉動都很靈動可愛，現場立刻氣氛沸騰，我們全都拍手尖叫。

後來聊天才知道，鄭姐是近一兩年才開始學跳舞的。她說，有天滑到一個女團舞台影片，被那種青春、閃亮、生命力滿滿的感覺深深吸引。她一口氣看了好幾支影片，才驚覺自己心裡一直都渴望這樣的自由與閃耀。

但她當時已經是結過婚、生過孩子的中年人，身邊沒人鼓勵她，反而說：「這種小女生才跳的東西有什麼好學？」、「你都幾歲了還在想這些？」、「家裡顧好比較實在。」

真正讓她下定決心的，是某天看到一個影片，一位銀行職員在午休時間偷偷練舞。那畫面讓她深受感動——原來生活之外，還可以為自己活一點。

從那天起,她報了舞蹈課,一週兩堂,跳了一年多。也是那時她才發現,原來堅持做自己想做的,是這麼快樂的事。

鄭姐讓我相信一件事:**人生漫長,無須被年齡束縛,而是你是否還有勇氣開始做想做的事。**

不論幾歲,不論身分,不論社會給你貼了什麼標籤,只要你還記得自己想成為誰,那你就值得為自己而活。是母親,是女兒、是員工、是中年人……這些身分都只是外殼,**真正定義你人生樣貌的,只有你自己。**

人生那麼長,沒必要被他人的標準綁住,更沒必要為了討好世界,把喜歡的自己藏起來。那些心裡總是不滿、常感疲憊的人,其實很多時候,不是生活太難,而是他們太常妥協、太習慣委屈自己去迎合別人。

而真正幸福的生活,只有一條路:**堅持做自己,過最本源的生活,在自己熱愛的世界裡閃閃發光。**

當你不知道該怎麼辦時,就停一停,聽聽內心真正的聲音。

你會發現,它其實一直都在說:「做自己就好。」

不必討好,不必解釋,也不需要向誰低頭。**因為,最珍貴的是自由,最幸福的是平淡,最快樂的,就是做自己。**

所以,請每天醒來都對自己說一聲:「我會努力活成自己喜歡的樣子。」迎著陽光,嘴角上揚,**不管世界如何定義你,你永遠都有權利成為最好的自己。**

02　不為誰折腰，只為自己抬頭

前幾天，和家裡的長輩閒聊時，聽她們提起以前的老鄰居。說是登山時巧遇，彼此聊了幾句近況。

這個鄰居家裡有一個女兒和兒子，年齡都比我大一些，我對其中的姐姐印象深刻，因為她長得非常漂亮，人又特別溫柔，我一直叫她「薇姐」。小時候，薇姐常帶著我在家門口玩，以至於後來她搬家了，我還為此難過了很久。

那次聊天後，長輩也加了那位鄰居的微信，因此我看到了薇姐現在的樣子。她還是那麼漂亮，我甚至覺得她一點不遜於大明星，甚至有一種成熟後更穩定的光采。我忍不住興奮地問：「薇姐過得好嗎？」

但長輩的語氣卻帶著一絲感嘆：「她前些年過得還挺辛苦的。」原來他們家當年搬走，是因為家裡的小生意撐不下去了，連日常生活都難以維持，只好回老家住。因為家裡經濟不好，薇姐高中畢業後就沒再唸書，直接出來工作。

這讓我很心疼。她以前超愛看書，我還記得有次她借我一本小說，裡面夾滿了她寫的筆記和可愛的小紙條。她對每本書都很珍惜，那種認真和熱愛我一直記得。

長輩說，那位鄰居談起薇姐還在嘆氣，覺得自己這個女兒看起來柔柔弱弱，但骨子裡很倔。因為長得漂亮，年輕時追她的人不少，條件也都不差。家裡都希望她趕快嫁個好人家，最好能幫忙分擔家裡的經濟壓力，但都被她拒絕了。

薇姐不肯妥協，一邊打工一邊存錢，還自學準備成人學歷考試，後來甚至申請到國外的留學機會。直到現在，她的家人還是不太能理解她的選擇。

　　但我懂她。我替她高興，也替她驕傲。高興她沒有為了經濟困難就隨便把自己嫁出去；沒有因為環境惡劣就放棄學習；更沒有在別人的「你這樣不行吧」裡，把夢想藏起來。

　　她堅持了本心，沒有委屈自己，她就這樣一步一腳印，撐過低谷，把自己活成了別人無法理解、但她自己熱愛的模樣。

　　那份「我就是要靠自己過我想要的人生」的堅持，真的很美。

　　人生最難的事，不是努力或選擇，而是——不委屈自己。

　　太多人會為了符合期待而做出選擇，為了安撫家人、順從他人、合群、被理解，而漸漸遠離了真正的自己。

　　生活是獨屬自己的舞台，而非他人的秀場。

　　因此，我們無須迎合他人的期待，無須委屈自己，只須聽從內心的呼喚，堅持自己的原則，然後展現最真實的自我，讓自己的人生更加通透。

　　我們常說要「做自己」，但這句話說起來簡單，做起來其實很難。要抗拒別人的干擾，要承受孤單，要為每一個選擇負責。這不是任性，而是一種深深的成熟與勇氣。

　　就像歌詞裡寫的「要肆意奔跑白天到晚上，直到我看見天空變微亮，也想要變成鳥兒在飛翔。」那是一種不想被困住的渴望，一種想為自己活一次的堅定。

　　所以我們不該只羨慕薇姐現在的樣子，更該看見她一路堅持下來的過程。那才是真正的價值。

不需要靠誰點頭才能出發，不需要別人理解才配擁有幸福。
真正的勇氣，就算只有一個人也願意走那條難走卻自由的路。
真正的強大，是在萬變中仍然守住那個你最不願失去的自己。
所以，請記得：
每個人都要學會做自己人生的掌舵人，
你不是活給別人看的，你是要活成最想要的自己。

03 不走主流的路,也能活得踏實

據說,每個人到了一定年紀後,都會開始覺醒一些東西,例如突然喜歡上養花、喝茶、囤物、種田、釣魚,開始熱愛陽光、土地、安靜,這些過去從沒放在心上的小事,突然就讓人安心了。

而我本來就喜歡花,現在也開始莫名嚮往起田園生活。也因此,我在網路上關注了不少記錄鄉村日常的創作者,其中有一位女孩,讓我印象最深。粉絲都稱她為大福。

大福的運鏡和畫面構圖能力顯然非常出色,她的影片內容像是充滿寧靜與和諧的自然畫卷,看起來並不像一個普通的生活場所,更像是一種遠離喧囂的心靈歸宿。我翻看了她之前發布的所有影片,才發現她原來是個寶藏網紅。

大福最初發布的影片裡,幾乎都是她自己翻蓋房子、修建院子的內容,由於家裡不支持,啟動資金緊張,整個房子加院子都是她自己翻修的。這是她家廢棄多年的老房子,父母早在她出生前就搬到城市裡,每年假期她都會隨著父母在老家陪著爺爺奶奶待幾天,空曠的田野、滿天的星空,這都是她在城市不曾看到過的,每一幕都令她感到驚喜。但沒過幾年,爺爺奶奶也搬到了城市,於是她很多年都沒再回來過。

大福說當別的小朋友夢想當老師和科學家的時候,她的夢想就是過無拘無束的田園生活,小時候只是喜歡在這裡瘋玩,長大後嚮往的是這種遠離喧囂的寧靜和美好。但是,家裡人並不支持她的決定。一個知名大學畢業的學生,大概沒有幾個家長願意讓

她這麼「不求上進」。

大福在一次直播的時候說,她的啟動資金是奶奶贊助的,全家只有奶奶在默默支持她,而奶奶對她最大的希望就是「**要勇敢,最重要的是快樂**」。

我想,大福的奶奶經歷過漫長的歲月,最是懂得初心的意義,所以她希望自己的孫女永遠做最真實的自己,做一個溫暖的人,過一段快樂的人生,不受干擾,不留遺憾。

大福的故事打動我的,不只是她的勇敢,更是那種「我知道我在做什麼」的篤定。

她不是衝動離開城市,也不是為了吸引注意力才回鄉下,她是真的聽見了自己心裡的聲音,然後選擇了它。

她在鋸木、鋪磚、清牆灰的過程裡,一點一點築起的不只是房子,更是一種屬於她自己的生活方式。那是一種堅持、一種不討好世界的決定。

這樣的生活不浪漫,也不輕鬆,但很真實,很扎實。

她用自己的雙手告訴我們:**你可以不走主流的路,依然活得漂亮、獨立、有溫度。**

「堅持做自己」這條路無比孤獨。

它需要你對抗質疑、承受孤獨、扛起選擇後的後果。但只要你熬得過那些懷疑與動搖,穿越他人眼光的風雨,你會發現——自由、快樂、純粹,都值得。

孤獨有時像雪,安靜、冰冷,但它是春天的先聲。唯有那些敢在寒冷裡堅持初心的人,才能在未來某天看到屬於自己的盛開。

所以,不要害怕與眾不同,不要害怕選擇讓你快樂的路。

就像大福那樣——**在別人眼裡「不求上進」，在自己心裡卻是一步步回到最真實的模樣。**

這世界會一直變，潮流、標準、期待都會不停翻新，但你心裡那個最原始、最純粹的自己，才值得你用一生去捍衛。

堅持做自己，是一種生活的選擇，也是一種生命的尊嚴。

不為誰而活、不討好、不道歉，只問：這是不是我真正想過的日子？

只要你點頭，那就夠了。

第5章

勇敢踮起腳尖

與其躊躇不前，
不如華麗跌倒

只要不放棄，
就會所向披靡！

Day 1   /   /

請不要停下來，你的人生不可能就這樣了。

Day 2   /   /

你選擇面對的那天,就已經贏了一半。

★今天發生覺得自己很棒的三件開心或勇敢的事

_____
_____
_____
_____
_____
_____
_____

Day 3 　/　/

真正能把你從谷底拯救出來的,從來都只有你自己。

★今天發生覺得自己很棒的三件開心或勇敢的事

Day 4   /   /

讓自己開心，其實也是件值得全力以赴的事。

★今天發生覺得自己很棒的三件開心或勇敢的事

Day 5   /   /

不向命運低頭，才有機會抬頭。

★今天發生覺得自己很棒的三件開心或勇敢的事

Day 6　　　／　　／

等待雖苦，但後悔更痛。

★今天發生覺得自己很棒的三件開心或勇敢的事

Day 7　　　／　　／

難做的事,反而容易成功,因為走這條路的人少。

★今天發生覺得自己很棒的三件開心或勇敢的事

Day 8　　/　　/

下定決心那一刻，你的人生就開始上坡了。

★今天發生覺得自己很棒的三件開心或勇敢的事

Day 9   /   /

人生只有一個方向,那就是前方。

★ 今天發生覺得自己很棒的三件開心或勇敢的事

Day 10   /   /

失去讓我們學會珍惜，也學會繼續走下去。

★今天發生覺得自己很棒的三件開心或勇敢的事

_____
_____
_____
_____
_____
_____
_____
_____

Day 11   /   /

努力從不虧本,撐過就是賺到。

★今天發生覺得自己很棒的三件開心或勇敢的事

Day 12   /   /

不讓壞情緒過夜,是給自己的溫柔。

★今天發生覺得自己很棒的三件開心或勇敢的事

Day 13　　/　　/

背著過去走不遠，放下才有力氣向前。

★今天發生覺得自己很棒的三件開心或勇敢的事

Day 14　　／　　／

別人說的只是參考，你的心才是答案。

★今天發生覺得自己很棒的三件開心或勇敢的事

Day 15   /   /

人的一生,唯一的 KPI 就是堅持做自己。

★今天發生覺得自己很棒的三件開心或勇敢的事

_____
_____
_____
_____
_____
_____
_____
_____

Day 16   /   /

別為了不迷路，而選擇待在不喜歡的地方。

★今天發生覺得自己很棒的三件開心或勇敢的事

Day 13   /   /

你還沒放棄,誰有資格說你不行?

Day 18   /   /

真正的勇敢,從來不是無所畏懼,
而是在怕得要命仍能堅持往前。

★今天發生覺得自己很棒的三件開心或勇敢的事

Day 19　　/　　/

退一步不是放棄,是為了看見更好的自己。

★今天發生覺得自己很棒的三件開心或勇敢的事

Day 20   /   /

人生只有一次,不值得為了別人的期待而活得委屈。

★今天發生覺得自己很棒的三件開心或勇敢的事

Day 21   /   /

不是特別厲害,只是比別人更願意做到底。

★今天發生覺得自己很棒的三件開心或勇敢的事

01 想得再多，不如勇敢做一次

　　我通常喜歡在淡季的時候出來旅遊，因為淡季和旺季擁有一樣的陽光、一樣的海浪、一樣的麥田、一樣的日出和日落，卻少了人擠人的喧囂，多了寧靜與自在。

　　某年年末，我特地去拜訪一家位在麥田邊的網美咖啡館。為我指路的路人興高采烈地向我介紹，這家店旺季時人氣超高，據說之前還有個劇組在這裡取景，不過現在應該人不多。

　　這倒是意外之喜了。於我而言便像探險中意外尋到的寶箱。所以，我滿懷期待地走進咖啡店，開啟我的旅途「寶箱」。

　　走進店裡時，天正飄著細雨，店內冷清。窗邊望出去，一大片金黃早已退去的麥田，在雨霧中靜靜地躺著。意外地很對我的心境。

　　大概是咖啡店老闆的社交雷達響起，覺得應該跟我聊一聊人生，所以她主動坐到我身邊，我們倆就這樣在窗邊望著雨中「光禿禿」的麥田，開始閒聊起來，我逐漸開始佩服這位老闆。

　　據她所說，這是她的第七次創業，賣瓜子、刷油漆、夜市擺攤、社區樓下小超市、書店、民宿，這些都是她一步一步走出來的創業經驗。

　　創業艱辛，創業失敗更為艱辛。但她在回顧這些經歷時，並沒有表現出任何的後悔或失望，而是娓娓道來，如同分享一段浪漫的愛情經歷──雖然過程酸甜苦辣，但故事在心，如詩如畫。

　　她說自己農村出身，也沒有什麼學歷，剛開始就是在市場賣

炒瓜子。有一次和朋友逛商場累了，朋友帶她去咖啡店坐著聊天。她說這是她人生第一次去咖啡店，那種遠離喧囂的氛圍有別於市場的忙碌，讓她心馳神往，沉迷其中，從此她有了「難以企及」的夢想。

她沒有花太多時間講創業有多苦，而是在說創業過程中的趣事，讓我印象深刻的是她說：**「這條路不成功，那就換一條，總不可能我還沒嘗試過，就在半路放棄吧，而且就算失敗了，起碼我曾經努力過。」**

創業的過程，哪來的事事順利，而是需要一直堅持下去。每個人都有夢想，但害怕失敗，只會讓夢想變成幻想。我相信，正是因為她有著不畏懼失敗的精神，才會在一次次的跌倒中得到自己想要的。

比起尋找桃花源，不如自己建一座。

夢想從來不是天降的，它需要用汗水、勇氣、一次次的試錯去換。

有些人總說自己的人生太平凡，工作太無趣，生活太沒亮點。其實問題不在生活，而在「你不敢動」。怕失敗、怕沒人支持、怕自己不夠好⋯⋯但你忘了，走路本來就可能會摔倒，但那並不妨礙你繼續往前走。真正的堅強，不是沒摔過，而是摔過也不怕再爬起來。真正的改變，也從來不是想出來的，而是做出來的。

想一千次，不如去做一次。 這世界上沒有完美的時機，只有你踏出去的那一步。哪怕跌倒了，也跌得精彩。因為那表示你真的勇敢過。

02　不是沒淚，只是不讓眼淚淹沒自己

　　隨著年紀漸長，經歷的事也多了，我才發現「故事源自於生活」這句話一點都沒錯。以前總覺得是電視劇裡才會發生的事情，原來在生活裡比較狗血。

　　我有個很要好的朋友，叫秀蓮。很多人聽到她的名字，總會笑說怎麼這麼「長輩感」，像五、六十歲的人。但我每次喊她名字，心裡反而覺得踏實又溫暖。那聲音像花開一樣柔和，也像她這個人，溫暖又堅韌。

　　秀蓮是個開朗的人，總習慣照顧別人。認識久了我才知道，那些細膩體貼，不是天生的，而是生活一點一滴訓練出來的。

　　秀蓮的母親年輕時因為一場車禍而失明，等到快退休時，又被診斷出乳癌。手術後沒多久，一年內外婆和父親相繼離世，母親也因為術後情緒起伏太大，導致癌症復發。於是，秀蓮只能辭掉工作，每天在家照顧她的母親，她的細心就是這樣訓練出來的。

　　「麻繩專挑細處斷，厄運只找苦命人」。當她跟我說這些的時候，我的第一個反應是心疼，然後意識到，我們口中的「厄運降臨」，對她來說只是「生活日常」。我們喊著撐不住的時候，她早已習慣一肩扛下所有。但她不怨，也沒放棄。她照樣帶著母親積極看病治療，也堅定地說：「健康和快樂我都要。」

　　她很會做菜，所以在短影音剛興起的時候，兼職了美食網紅，每天分享自己的日常生活和做美食的過程。做著自己喜歡的事，也從中收穫了一筆不錯的收入。生活稍稍寬裕些，偶爾她會帶著

母親去旅遊。她說即使母親看不見，也能呼吸到不一樣的空氣。

我見過她的母親一次，是個樂觀堅強的人，一聽到我進門就開心地喊我吃水果。

人生這麼難，她們卻沒有一絲苦澀，而是像過日常那樣，把痛苦當配菜，繼續做主菜。

命運不曾眷顧她們，可看著母女親暱的互動，我又覺得她們並非一絲眷顧都未曾擁有。或者說，她們會自己給自己足夠的溫柔。就算命運已經為她們編撰好了故事的結尾，即使這是一場看似敗得徹底的結局，但她們沒有站在原地等待，而是一直闊步前行，享受著屬於自己的生命盛宴。

「死不可怕，坐著等死才可怕。」對某些人來說，人生的苦難和失敗可以打擊她們，卻不能打倒她們。

有時，人生的路會下起傾盆大雨，走在上面總是跌跌撞撞，讓人狼狽不堪，讓人痛哭流涕。但別忘了，堅持不住的時候，記得告訴自己，與其被恐懼包圍而停滯不前，不如把淚水化作堅持的力量，用行動開啟新的未來。

有句話是這樣說的：「**哭泣不是因為我們軟弱，而是因為我們堅強太久了，需要一個出口來釋放積累的情感。**」在人生的道路上，所有人都會品嘗到汗水和淚水，但艱辛從不會白費。

如果實在堅持不下去，那就大哭一場吧。然後，平靜地對待榮辱得失。就像她們一樣：不抱怨、不逃避、不求命運施捨什麼。**她們把每一天都活得簡單、純粹，有自己的節奏，也有自己的光。**

人生沒什麼公式，但有一條底線：**不後悔過去，不埋怨當下，不畏懼未來。**

03　你還沒放棄，誰有資格說你不行？

　　有段時間，我喜歡跑步。天氣炎熱的時候，我選擇成為那種「太陽下山我出山」的夜行者。又想避開過於熱鬧的廣場舞、棋牌會，於是特意選了晚上9點之後在家附近的公園夜跑。夜晚的公園實在太美，風輕、樹影搖曳、萬籟無聲，一切都安靜到讓人沉醉。但看多了社會新聞，時常心驚，甚至會出現「不如明天不來了」的想法。

　　結果沒幾天，公園裡的籃球場開始有幾個小女孩打球，那段時間她們每天都會準時出現，大概是夜晚的公園人煙稀少，怕幾個女孩不安全，所以球場旁邊的座椅上也總是會有兩個家長等在那裡。有一次，我跑累的時候在球場旁的座椅坐了一會兒，和等在那裡的家長聊了幾句。

　　這幾個小女孩是中學生，因為學校舉辦了青少年籃球比賽，所以每天放學寫完作業後會在這裡訓練。在之前的年級比賽中，她們得了女子組第一，接下來需要和高年級的學生進行比賽，決出最終冠軍。幾個小孩是賽事開始前臨時組隊的，有三個女生甚至在這之前從未接觸過籃球，只是因為長得高而被選中。

　　家長口口聲聲說她們只是「僥倖」贏了，臉上的表情卻掩不住驕傲。接下來的對手，不只年紀比她們大，甚至早就參加過別的比賽，所有人都覺得這幾個女孩不會贏，所有人都覺得她們每天練習是在浪費時間，不如比賽時應付一下，直接認輸算了。但是，這幾個女孩即便不被大家看好，也不願沒有嘗試就直接放棄。

她們還在盡全力去爭取，就算最後失敗了，也能坦然接受。如果成功了，那就是意料之外的驚喜。

後來，事務繁忙，一兩次跑步中斷後，心思開始懶了，我就不再去公園夜跑。某次我在社區中遇見了其中一個女孩，她對我笑得燦爛，告訴我最後她們沒有得冠軍，但她們覺得自己「雖敗猶榮」。女孩笑靨燦爛，她說這句話的時候，整個人都在發光。

夢想很美，成功當然令人喜悅，但只要你曾全力以赴、咬緊牙關、努力過、爭取過，即便是輸了，那也是華麗的跌倒。

就像這幾個為了籃球賽而盡全力的女孩，她們的光，不來自獎盃，而是來自每一滴汗水、每一次堅持。她們不是星星，卻比星星還亮。

在追逐夢想的路上，每一滴汗水，每一次跌倒，每一聲加油，都是幸運的伏筆，而敢於面對，敢於前行，才會將這份幸運牢牢地握在手心。

人生的路由自己決定怎麼走，不必因別人的話而猶豫不決，心中想過無數次，也不如真正行動一次。

人生沒有回頭路，不必因焦慮而躊躇不前，行動起來，就算失敗，就算跌倒，都要堅持到底。

就算全世界都說你不可能，你也要說：我還沒放棄，你怎麼能先下結論？

心想事成的中間，永遠藏著一個勇敢的你。所以，不要再等了，帶著那份勇氣出發吧——去挑戰，去努力，去看看你能到多遠的地方。因為你永遠不知道，下一次奮不顧身，會不會剛好撞上奇蹟。

退一步不是放棄，
是為了看見更大的自己

後退固然是種智慧，
前進才是最終抉擇。

01　不是每場風浪都值得我低頭

絨絨有一個夢想，想要創辦一個「讀書會」。在和幾位書友分享書單時，她信誓旦旦地表示自己已經有了絕妙的點子。

依絨絨的構想，要先建立讀書帳號，培養粉絲與關注，再慢慢轉化為線上讀書交流平台，最終發展為實體的線下聚會。

於是，她開始經營「讀書網紅」的身分，組織自己的讀書社群，粉絲群也順勢成立，群名簡單明瞭：「讀書交流」。隨著關注度漸高，甚至有商家主動洽談合作，一切看起來正步入正軌。沒想到，就在這時，群裡開始出現爭執，各種觀點衝突、彼此批評，讓原本溫和交流的氛圍一夜變調。

絨絨一開始也手足無措。但一想到自己對這份夢想投注的熱情與心血，她心想：**如果連這樣的小事都處理不好，那未來談什麼更遠大的計畫？**

她果斷地建立「群規」，任命幾位群管理員，對於那些屢屢挑起事端、惡意發言的成員，直接請出群。這個舉動雖然讓她引來部分非議，甚至有人攻擊她以前的溫柔都是「裝出來的」。

但當第一場線下讀書會順利舉辦、現場氣氛熱烈，她更加確信自己用對了方法。

溫柔不是妥協，堅定才是讓理想落地的開始。

絨絨本就是一個性格溫和、極有禮貌的人。即使面對攻擊，也總希望自己言之有物、不傷人。她曾說，自己喜歡的一位網路小說作者，就是那種溫潤如水、始終不動怒的風格，就算評論區

再尖銳，也能心平氣和地回應。所以她從一開始便抱持著「我以真誠待人，人也會以真誠回應」的理想來經營社群。

但後來她發現，很多人所謂的「退一步海闊天空」，其實並不是理性選擇，而是試圖讓你習慣包容、忍讓，甚至委屈自己去維持表面的和諧。

以前她會擔心誤傷到好人，但現在無論是誰，出於怎樣的目的，她都會告訴對方：我一定要到更遙遠、更廣闊的地方，誰攔住我就會把誰推開。

這之後，絨絨將線下讀書會固定成年度活動，不但拉到贊助，整個讀書計畫也開始產生穩定收益。她說，到了「該更進一步的時候了」。

她坦言，整個過程中，她不止一次想過放棄。群裡紛爭不斷時，她想：「乾脆風平浪靜就好」；和商業合作方談條件時，她也想：「海闊天空不過是多讓一步而已吧。」她笑說，也許愛書的人天生就比較柔軟、天真，有時自己甚至想主動讓利，息事寧人。但她慶幸自己有能力在關鍵時刻踩住煞車，提醒自己：**不是所有的和平，都值得用自己的夢想換來。**

她說過一句讓我印象深刻的話：「**我只在一種情況下後退，那就是能將後退作為前進的蓄力時。**」這世界上，確實有人天生習慣吞下所有委屈，也有人總是為了不惹事寧願退讓。但屬於我們自己的海闊天空、風和日麗，同樣寶貴無比。

不是每一次都要退讓，不是每個場合都該息事寧人。我們不會去阻止一朵花追逐陽光，也不會責怪一隻鳥飛向天際。那麼，我們自己，又憑什麼停在原地、不敢啟程？

02　有些退讓，不值得；有些挺身，必須

有位朋友養了一條白底紅環的小蛇，叫「小甜豆」，寵得不得了。因為我對這種事有些好奇，她便常常傳來小甜豆的影片。

有天，她發來一段小蛇捕食的畫面，又神神祕祕地說：「我發現，蛇最多只能往後縮一下身子，要退著走根本做不到耶。有進無退的猛獸啊，聽起來還真有點悲壯。」

我看著影片裡那雙圓滾滾的呆萌眼睛，實在看不出什麼猛獸的悲壯。但「有進無退」這四個字，卻讓我想起了某段被歲月塵封的記憶。

鎮上的老人們口中，有一位被稱為「憨姐」的女人。沒人記得她本名是不是帶個「han」音，只知道這位賣豆腐腦的中年婦人，是出了名的厚道人。明明是說人厚道，卻一邊喊她「憨姐」，一邊把她當受氣包。

誰來她的攤上多舀點菜餚、順手拿兩瓣蒜，她總是笑著讓；甚至有人拿了油條、燒餅還不付錢，只講一句「鄉里鄉親」，她也從不計較。久而久之，誰都知道憨姐是好欺負的。

直到有一天，街角發生了打架事件。兩群不愛上課的小混混約好要打群架，場面混亂，卻無端扯進了一個路過的瘦高中生。那孩子瘦高如竹竿，一臉書生氣，怎麼看都不是惹事的。

憨姐在攤上看見，忍不住大喊：「那不是你們一夥的，別打他！讓他走，不要耽誤人家上學！」

可那群青少年血氣方剛，怎會聽得進勸？她一個矮小的中年

婦人，又哪來威懾力？眼見四周沒人能幫忙，憨姐乾脆衝上去硬把那孩子從混戰中扯了出來。

據說，她原本想好好講道理，也準備掏錢「消災」，但對方根本不想談。他們反而圍上來，要孩子留下來「挨打賠罪」，不然就讓憨姐出錢買平安。

那學生急著勸她別管，可憨姐咬牙不肯鬆手，抓起裝豆子的布袋，奮力一揮，拉著學生殺出包圍，衝上人來人往的大路。

那天的她，毫不退讓。不是因為她強壯、勇敢、天不怕地不怕，而是因為她心裡有把尺。

身材不高、性格溫和的憨姐，這次竟選擇動手。對於熟悉她的人來說，這舉動堪稱「天翻地覆」。後來被打學生家長報警，那群人怕事，便讓家裡出面調解，甚至想「大事化小」。但憨姐不肯鬆口。

她反覆只說一句話：「這種事，不受教訓怎麼行？」

她明知道對方是惹不起的「半大小子」，背後又有可能的親戚人情與暴躁脾氣，但她從沒動搖。

有人後來問她：「你幹嘛不早點說明？我們都以為你變了，突然變得這麼強硬、不依不饒。」

憨姐咧嘴笑了笑：「我嘴笨。」她怕說得太多，反而讓那孩子家裡惹麻煩。她不想讓別人吃虧，只願自己多承擔點算了。

至於怕不怕報復？她說：「怕啊，但⋯⋯退不得。」

有些事情，談不上「進退」；有些事情，容不得「不進」。

不是每一件事都能模糊處理，也不是所有情況都適合講風度、談退讓。我們可以為了大局不去爭一口氣，但當那口氣牽涉到良

心、公平、尊重，當退讓代表放棄原則、踐踏底線，那我們就該堅定地說：不行。

這世上沒人能保證一生都風平浪靜，總有些時候，我們會站在選擇的交叉口。是回避？還是出聲？是退讓？還是挺身而出？**真正的勇敢，從來不是無所畏懼，而是在怕得要命的情況下，仍能堅持往前。**

我們都該學著在心裡放一把尺，用它來衡量自己走得多遠、站得多正、值不值得。

有些人看來溫吞，卻最知道什麼時候該挺身而出；有些人總說「能退則退」，卻忘了退太久，也會把自己丟失在原地。

所以，**我們可以是溫柔的，也可以是堅決的。**

溫柔，是我們選擇的方式；堅決，是我們活著的底氣。

03　不是適合才去做，是做了才會漸漸適合

伊伊進入飯店業，其實是個「誤打誤撞」的開始。

她本性內向，不擅社交，只是那時手頭緊，便先找了份客房服務的臨時工作來撐過生活難關。這份工作聽來平凡，只要等客人退房後進房檢查有無遺留物品，確認設備沒損壞，再把房間打掃乾淨、準備好迎接下一位客人——她想，就暫時做做，沒什麼「出息」，但還過得去。

但伊伊做事一向細心又認真，時間久了，工作愈來愈上手，也逐漸被負責人注意到。沒多久，就被提拔成了客房主管。

後來，飯店經理要調職離開，走前推薦了伊伊接手她的職位。

這讓伊伊有些動搖。她早已對這份工作產生感情，卻也清楚自己不擅長應對進退，總想起前經理八面玲瓏、左右逢源的模樣，就心頭發緊——她想像不出自己站在那個位置上，要怎麼帶人、面對客人，怎麼撐住一間飯店的大小事。

但她也無法忽略一件事：這一路上，那位經理在她最困難的時候出手相助，又手把手教她怎麼做事。更別提，她心裡對這間飯店早已有了歸屬感。於是她猶豫。

前經理對她說得直白：你如果個性強一點，我也就不說了，去哪都不怕。可你現在不敢接這工作，那你就打算一輩子當客房主管？還是要換個不喜歡的工作，苟且度日？

「人呢，不進則退。當然有時候退也是進，總之你別卡在中間。」在前經理的這番話下，伊伊決定更進一步，爭上一爭。

她說:「我的個性,不算適合這個社會的複雜;但我還是想改變自己的生活。機會擺在面前了,我不想錯過它,更不想用『我不適合』當藉口逃避。我知道,走到哪裡都一樣──不是進,就是退,原地等待只會讓人錯失所有選擇的權利。」

她站穩飯店經理這個位置後,回頭看當時的自己,才忽然意識到:如果當初自己不爭取也不離開,仍在老位置上等待新主管的安排,或許憑自己的性格會被一點點邊緣化,浪費大好時光,最終得過且過。

有所求的人,自然會主動出手;但即便你沒有大夢想、大野心,也要為自己有所作為。

人生就像一條不會停的河流,你不一定要乘風破浪,但不能原地不動。

你可以選擇小步前進,可以緩慢調整步伐,但不能讓自己成為一塊無動於衷的石頭,被時間一點一滴磨掉鋒芒。

哪怕你這一生只待在方寸之地,也要把「前進」刻進骨子裡。

你不必時時衝刺,但該跨出的那一步,不能遲疑。

有時,改變命運的不是天賦,不是時機,而是你選不選擇邁步的那一刻。

不是特別厲害,
只是比別人更願意做到底

總該做點什麼,
總能做點什麼。

01　撐過去，就會被說成「你本來就厲害」

小聿經營一間小型養殖場，但她之前是經營休閒農家。相較於城市裡的繁華熱鬧，她更喜歡待在老家，守著長輩留下的兩三畝地和一方院子。

她用自己的積蓄重新整修了院子，也用心把田地打理得適合「都市人」前來體驗鄉村生活。

但是，農家樂的生意一直不上不下。她的老家不在什麼熱門觀光點，來的多是附近週末開車兜風的人，偶爾熱鬧一下，談不上穩定經營。

直到某天，有客人跟她說：「你家的雞肉真的好吃，要不要拿去市場賣賣看？」小聿一想，自己院子裡養的這些雞確實是人氣招牌。

而且與其天天煩惱院子漂不漂亮、遊客多不多，不如專心把這些真正好吃的東西做出名堂來。於是，她乾脆轉型，把休閒農家收起來，專心做起「家庭養殖場」。

如果你以為，這就是一個滿院走地雞成就女企業家的故事，那可想得太順了。

其實，小聿沒什麼專業養殖背景。以前休閒農家的雞數量不多，她肯花時間、精力養，一隻隻都像寵物似的照顧，那些整天在院子裡捉蟲吃草、偶爾還有玉米粒加餐的雞，自然長得健康，味道也特別好。可是現在一口氣養了一大群，還照以前的方式，成本高，速度慢，一場流行病還來不及反應，整群雞就沒了。

有人勸她，你不是做這個的料。

但小聿不是那種聽風就是雨的人。她骨子裡倔得很，不然也不會體驗過「田園生活」後還不肯回到繁華的城市。

這時的她已經從未成的事業中找到了趣味，便不會輕易放棄。

「我不是做這個的料，那我是做什麼的料？有人說我不是讀書的料，讓我別一門心思讀書考學，我要是聽了，恐怕現在連病害防治資料都看不懂；有人說我不是自己當家做主的料，要我去打份工找個老闆扛事，可我自己經營農家樂也賺了口飯吃，開養殖場到現在也都是自己辦手續、拿主意。」

她想了想又補一句：「到底誰才是天生適合？什麼叫有天賦？成功的人就一定是有天賦的嗎？

一本書裡寫道：看似不起眼的日復一日，會在將來的某一天，突然讓你看到堅持的意義。

成為一個閃閃發亮的人說難也不難，只要你願意在前方立起一面旗子，然後一步步地走過去。**不少人抱怨「人生開局是爛牌」，但只要你願意，同樣可以玩得盡興。**

但就像那句話說的──你若瞄準的是月亮，即使迷了方向，最終也會落在星辰之間。相反地，就算你一開始就站在高處，不願多邁一步，也可能在眾星中慢慢沉沒。

這世界，從來不屬於天才。它屬於每個拚命往前、執著的普通人。

02 我不是天才，我只是沒停下來

　　我認識兩個學琴的人，一個彈鋼琴，一個彈月琴。

　　認識那位彈鋼琴朋友時，我年紀尚小，常聽老師和家長誇他：「這孩子有天分，學什麼都快。」

　　「鋼琴朋友」後來與我熟悉了，私下說不喜歡別人誇他「聰明，一學就會」。那時候我不理解，直到他後來專修音樂，有一天在朋友圈發了一段影片，是他在琴房裡練琴。

　　他的手指在黑白琴鍵上飛躍，節奏分明、力道十足，整個人神情專注，彷彿世界只剩音符在跳動。看得出來，他是真的熱愛鋼琴──沒有人可以否認這一點。

　　有人留言誇他：「怪不得你從小就被說有天分！」

　　他立刻回了句：「別這樣說。」

　　看起來像是客套，但我想起他很多年前說過不喜歡別人誇他的天賦，怎麼看都覺得他這話裡有點不高興的意思。

　　我重播了兩遍影片，發覺他的手似乎有點不對勁，便傳訊問他。他回：「練太久，凍瘡了。」

　　原來手上長了凍瘡是這樣的！

　　根據「鋼琴」說，其實他們的琴房有做保暖措施，但他常常一練就是好幾個小時，最後還得靠幾口烈酒暖身。

　　我本想提醒他，喝酒禦寒不是好辦法，但想想，那雙紅腫龜裂的手早就說明了一切。也是在那一刻，我終於懂了：他為什麼討厭別人誇他的「天賦」。

因為一句「你很聰明」的背後，遮住了無數個反覆練習、咬牙硬撐的日子。

後來，我認識了學月琴的朋友。因為記得「鋼琴」的故事，我告訴自己，不要輕易對人說「你好有天分」這種話。

因為月琴相對來說是冷門樂器，所以她練琴時很多人都會好奇。在圍觀的人群中，有的誇她天生聰慧，也有的說她沒點靈性。

「月琴」照單全收，絲毫不為外界言語困擾。

有次我們聊起「天賦」這回事，她說得很乾脆：

「其實教我的老師說過我的天賦不算好。**有人誇我天賦好，我會想，自己的努力補足了「先天不良」；有人說我沒天賦，我會想，即使沒天賦我也練到了敢在大家面前表演的地步。**」

外人一聽「月琴」，多半會聯想到溫柔婉約的古典氣質。但我這位朋友一點都不溫吞，她的骨子裡，有一種不折不撓的堅硬。

在她眼裡，天賦並非不重要，但凡圍繞著「天賦」的評論都不值一提。

她用演出舉了個例子。

「在登台演出時，觀眾聽得出來我靠天分還是苦練，是他們的事；為了這場演出我扭了腰、傷了手、痛了背，是我的事。我彈琴，不是為了證明什麼，只是對自己有個交代。我彈，你聽。有緣就繼續聽，沒緣也無妨。我問心無愧，就好。」

這兩個人，一個練鋼琴、一個練月琴，個性與選擇截然不同。可他們身上有一樣東西是共通的——熱情和努力。

在許多故事中，熱血往往與冒險相聯繫，因為那是一段未知的旅程，沒有人能保證自己是為命運所鍾愛的勇者。

在現實的世界裡，「資質」是一張入場券，天資卓越的人固然可以享受命運的「VIP贈禮」，可更多人以「嚮往」為燃料，用不肯冷卻的熱血支撐過寒冷的隆冬，倔強地走向遙遠的、高居雲端的殿堂。

「每個優秀的人都有一段靜默的時光，我們把它叫作扎根。」

我們無法讓自己成為一個「先天優異」的人，卻可以為著成為一個優秀的人而忍受向下扎根的靜默時光。

那不是為了做給誰看，而是為了對得起自己，對得起那一句：**我努力過了，我不遺憾。**

03　我沒被選上，但我沒打算下場

「廢柴逆襲」的故事，在小說裡常見，在現實裡卻少。因為要一直保持熱情、持續努力，本身就是種難得的本事。

某天，我碰到以前大學話劇社的社長，她比我小一屆。我認識她的時候她身上還有著鮮明的「軍事訓練痕跡」——皮膚黝黑、手法粗糙、妝感潦草，一場戲下來光是打底就要用掉半罐粉底。

過了一年，話劇社想擴編，她成了社長候選人。即便當時臉上還留著陽光曬出的痕跡，她已經開始帶領團隊，從學生社團，一步步走上自己的舞台。

她見到我還是像從前一樣，熱情地喚我「學姐」，語氣中滿是熟悉的誠懇。她說她在家人支持下成立了劇團，劇本自己寫，場地東借西租，酒店、茶館、文化館——只要有個台子，就能演出。她還特別提到了「湘湘」。

我想了一下，才隱約記起那個更小一屆的學妹。她的本名不是湘湘，這名字是大家隨口取的綽號。

讓我意外的是，社長竟會主動提起她。因為當年，社長曾為「要不要讓湘湘正式入社」這件事，和其他幹部爭執過。

每年新生入學季，社團都會舉辦「新生舞台」徵選潛力股。那是社團傳統，尤其文學系的新生班，每班都得自編自演一齣劇。

而湘湘是新生中特別踴躍的一個，但可惜她的台上表現並不出色，幕後工作也沒有十分得當——當然，這種力求全員參與、團體性質的演出，誰也不會強求新生們有多好的表現。說到底，

社團派去的「技術指導」才是劇目排演的主要負責人。

但湘湘自己很在意。她主動表示希望加入社團，說可以從打雜做起，只要能留下學習。

學校社團「零基礎」入社十分常見，但那時還不是社長的社長卻反對。因為湘湘對角色的詮釋與表現十分片面，舞台表達能力也有缺陷，她明明又不想只做幕後，進了社團卻不能給舞台，那加入還有什麼意義？

「我們好不容易湊到經費排一齣戲，總不能讓湘湘這樣的人上台挨罵吧？」她這樣說。

然而熱情執著的湘湘還是入社了。她說：**「不爭取機會，就永遠學不會。」**

後來，社長從候選人正式成為社長，她決定除了公開演出外，社團內部也要增加一些「小舞台計畫」，讓那些還不夠成熟的社員也能體驗真正站上台的感覺。

眨眼多年過去，湘湘留給我的印象還是「憑實力留在幕後」，沒想到現在，她已經是劇團的演員了。

如果運氣不好，
那就試試勇氣

或許有時候，
你缺的不是運氣，而是勇氣？
不妨大膽一點，試著把不可能變成驚喜吧！

01　不被看好，就更要做給你看

　　我有一個大學同學，同級但不同班，以前在學校碰到會聊幾句閒話，現在則是彼此社群按讚的交情。她有一個令人十分難忘的特點，就是沒「考試運」。

　　大一時，就有教授惋惜地找上她：「這題怎麼會錯？不是你該錯的啊！差那麼一點，綜合成績本來可以列優等，平時分那麼高，作業又那麼認真……」但偏偏，就是差那麼一點，錯失了獎學金。

　　她跟我說過，她高中成績一向很好，總是班排前幾，但高考卻考得比模擬測驗低了三十幾分。中考也是，原本應該能進省內較高水平的學校，結果最後只能念市區縣的學校。

　　她曾覺得自己可能是心理素質不佳，因此常常給自己「模擬考」。但除了那些莫名的低級失誤，她每到考試週還會遇上一連串衰事，如寢室只有她鬧鐘不響、吃壞肚子食物中毒、走去考場路上被絆倒……無一不是發生在最需要專注的時刻。

　　從大學畢業到現在，快十年了，我和這位讓我印象深刻的老同學一直保持著低頻但穩定的聯絡。某天，她突然傳來消息：她考公職上榜了。

　　沒記錯的話，早在畢業那年，她就開始準備了。

　　我莫名感到荒謬和震撼。她一開始還打字，後來大段大段發起語音。雖然聽起來語氣還算平靜，但說到後來她的聲音變得沙啞，那不是冷靜，那是喜極而泣過後的沉澱，讓我擔憂她會上演

一段「范進中舉」。

不過，講完這些年的經歷後，她似乎徹底放鬆了，語氣轉為歡快：「我知道，你不會笑話我。」

當然，我不僅不會笑她，還很佩服她。

當時，我也只是感嘆她的考試運氣確實差了點。但失敗的次數太多了，我慢慢對她生出敬意，因為她面對的不只是考試這件事，而是身邊人的審視和不理解，還有來自「運氣差」這三個字的打壓。

而她自己卻不會為「運氣差」擺爛，她一直保持勇氣，一直在堅持。

我總是相信她的，因為勇氣、智慧和運氣這三種東西，她已經擁有了勇氣和智慧，還有什麼理由會不成功呢？

過去經歷過的，無須忘記，但要學會放下；現在擁有的，需要珍惜，學會把握當下；未來追求的，需要努力和運氣，但更需要勇氣。

勇氣是什麼？

勇氣，其實就是經歷無數次的失敗後，依然抱持熱情，依然心存期待。人們往往將失敗與運氣不好混為一談，我卻覺得這只是一種自我安慰的錯覺。因為有時候，沒有感受到「好運」，常常是因為沒有鼓足勇氣堅持下去，敗給了放棄的自己，才與所謂的「運氣」錯過。

曾在綜藝節目上聽過一句話：「晚霞瀾漫，時間不早也不晚，能把握的燦爛，名叫現在。」

人生不就是這樣嗎？你不能等所有條件都剛好才出發。**有時**

候,你得先出發,路才會慢慢清楚。

那些在人生裡看起來自由又灑脫的人,其實不是運氣比你好。他們只是有勇氣去追、有勇氣去堅持。他們願意在別人不敢嘗試的地方闖一遭,在別人不看好的夢裡熬幾年,最後,才有了那句「你運氣真好」的誤解。

從古至今,那些站在高處的人,誰不是一邊咬牙,一邊往上走的?

他們不只是能力強,更是敢走、肯走、不退場的人。沒有勇氣的人,只能站在人生起點,等奇蹟來敲門;而有勇氣的人,會自己去找門,甚至推開牆,自己開一條路。

所以**別再等運氣了,你可以先試試勇氣。**

就算最後還是會失敗,那也要失敗得問心無愧。

趁現在還有一點熱血,還不算太老、還不算太遲,去做、去試、去爬那座你總覺得太高的山。

說不定,你其實已經快到山頂了。

02 敢走近,才有門為你打開

基本每個社區都會有流浪貓的存在,我所在的社區也不例外。

社區樓下去年新開了一個便利商店,店主是一個40歲左右的女人,她不太會閒聊,但總是會笑咪咪地對待每一位顧客,讓人覺得溫暖舒服。

有一次我下樓買零食,看到幾位阿姨坐在店門口閒聊,她們提到了社區的流浪貓「小白」。她們說最近總是下雨,天也越來越冷,小白怕是撐不了幾個月了,真可憐。

當時,因為小白比較怕人,我本來想著過幾天聯絡救助站,看看怎麼幫這隻小貓過冬。結果,沒幾天就聽說便利商店老闆把小白帶回家了。

老闆說,那天晚上,小白一直在門口打轉,不肯離開,看到她還不停地喵喵叫。和平常膽小怕人的樣子完全不同,牠主動靠近,一直貼著她的腳邊蹭來蹭去。她猶豫了一晚,畢竟養一隻貓,是要負責的。但隔天一早開門時,小白竟從店旁邊車底鑽出來,又一路叫著跑向她。

這樣的改變太明顯了。一隻總是害怕靠近人的貓,忽然主動靠近,還眼巴巴地望著你。她不再猶豫,當下就把小白抱進店裡。當晚關店後,也把牠一起帶回家——她怕,一個不小心沒看住,小白又得回到風雨裡流浪。

社區鄰居聊起這件事,總是忍不住感嘆小白真好運。但我不這麼看。我覺得小白,是一隻非常勇敢的貓。牠不是特別幸運,

從出生以來都在街頭流浪，過著風吹日曬、無依無靠的日子。牠什麼都沒有，只剩一點膽怯和本能的警覺——但就在那一刻，牠選擇相信、選擇靠近、選擇爭取。**因為牠夠勇敢，才擁有改變命運的機會。**

我們每個人也都經歷過那種卡關的時刻——知道問題在哪，卻沒有力氣跨出去。他們不是不知道該做什麼，只是困在原地太久，早已習慣了無力感。

但如果一隻流浪的小貓都能鼓起勇氣，你為什麼不能？

人生從來不靠奇蹟撐起，而是靠一次次堅持與一點點勇氣，把努力轉換成驚喜。

運氣，從來不是你人生的解釋權。

如果今天下雨了，別只顧著抱怨，不如撐起傘，順路去買個甜甜圈，送自己一個小確幸；如果太陽太大，不如多走兩步，找間喜歡的小店吹吹冷氣，喝杯冰飲，享受這一刻。

人生這條路很長，無論是哪個方向，都有可能遇到波折，也會遇到未知的驚喜。那些驚喜，不會自己出現在你眼前，你得先勇敢走出去，它才會出現。

所以，別再問自己有沒有運氣。先問自己，有沒有足夠的勇氣。有時候，所謂的「幸運」，其實是留給那些願意勇敢冒險的人。

願意向前一步的你，才有可能遇上那扇早就為你敞開的門。

就像小白，靠過去，蹭一下，叫一聲，命運就此翻頁。

03　你不爭，誰幫你翻頁？

　　尋常人的生活大多平凡無奇，就連傷心鬱悶也都大同小異，但認識的人多了，便能聞聽一兩件與眾不同的感傷之事。

　　樓下的阿姨們提起一位剛搬走的阿姨。她們談論的這位阿姨因為辦事俐落、為人熱情，是大家眼中的「好人代表」。因此周圍的人聽見她們交談，都表現出了幾分關注。

　　據說，那位看起來總是樂呵呵的阿姨其實承受了許多人生的苦難。

　　她是被收養的孩子，但養父母待她很好，她從來沒懷疑過自己不是親生的。但八歲那年的一天，不知是誰將這個消息透露出去，傳到了她的耳朵裡。

　　孩子們不懂言語的重量，把這種事當成新鮮八卦，用半開玩笑的語氣說她是「沒人要的孩子」。一句話，徹底撕裂了她的安全感。她變得敏感，變得沉默。父母也都老實木訥，原本和樂的家庭氣氛，從那天起就變了調。那段原本無聲但溫暖的愛，忽然多了距離，多了疑問。

　　她長大後才明白，當自己陷在那些傷人的話裡耿耿於懷時，也讓父母默默承受了傷心與愧疚。他們從來沒有虧待她，而她卻因為外人的幾句話，隔開了原本緊密的親情。

　　她本想要立刻回到家裡去，將一切都說開，訴說自己對他們的感激，但又有些躊躇。最後，她決定等手頭工作忙完、領了薪水買禮物回去探望二老。

結果她一回到家中，面對的是突然癱瘓的父親。這一刻，她才真正理解何謂「來不及」。

從那之後，生活的苦難像是排隊湧來。親人的離世、疾病的折磨、債務的壓力，一件接著一件，沒有給她喘息的空間。直到她也步入中年，才重新獲得輕鬆——孑然一身的輕鬆。

但她沒有被擊垮。反而比任何時候都更堅定地活著。

她認認真真地生活，不在任何細節上敷衍，在自己的能力範圍內過好每一天。外人見了她，都覺得她是個熱愛生活、幸福無憂的人。

只是偶爾，她會對親近的朋友訴說自己僅有的遺憾——沒有在父母尚在時，讓他們享受更舒心的生活。

「所以，每天都得好好的，不然以後說不定就會後悔。」那位阿姨對朋友們說，她也確實做到了自己所說的一切，不是在逃避悲傷，而是學會與悲傷共處，然後選擇往前走。

不幸的過去，就像是一本內容曲折的故事書，裡頭有傷、有淚，有無法重來的遺憾。但未來像一片深藍星空，沒有劇本，卻充滿無限的想像和可能。就如這位阿姨，在遭遇半生的不幸後，鼓足勇氣仍可迎來新的人生。

真正的勇氣，不是天真的樂觀，而是看清了人生的苦難後，仍然願意相信未來。

我們無法選擇過去，但可以用勇氣創造新的結局。

「運氣」的存在，不是為了讓人心存僥倖，被白日夢捆綁，而是當面對困境時，內心仍有期待，依然勇敢嘗試，擁有度過難關的勇氣。**或許不是每個人都會得到好運的青睞，但勇氣是每個**

人都能擁有的，也是一個人最珍貴的特質。

每個人都有把握自己人生的權利，可能這個過程會出現痛苦，但勇敢面對這些問題後，所有的美好和希望就會不期而遇，到那時或許就可以體會「輕舟已過萬重山」的心境，或許就可以明白勇氣其實也沒那麼難。

我曾在網路上看到一句話：「**學會放下，才能遇見美好；勇敢邁步，才能擁抱幸福。**」

如果你曾走過一段不夠幸運的路，那麼接下來，就請用勇氣擁抱世界、用勇氣面對未來。也許下一段，就是你一直想要的幸福模樣。

鼓起勇氣，做自己人生的魔法師吧！

先成為自己的山，
再去尋找心中的海

在成為任何角色之前，請先成為自己。
我得先是我，才能是任何。

01 善良不夠，還要有力量

在成長的過程中，小沈一直處於一種迷惘的狀態，不知道自己未來的方向在哪裡。高中畢業後，她考上了一所普通的大學，選擇了一個不算熱門的科系。大學的生活並沒有帶給她太多的驚喜，她按部就班地學習、考試，過著平淡無奇的日子。

直到有一天，一場校園的服裝走秀改變了她。

那是她第一次這麼近距離接觸服裝設計。絢爛的色彩、奇幻的剪裁、舞台上自信張揚的模特們，一下就撞進了她的世界。她忽然發現，原來「衣服」也可以說故事，也可以是一種夢。

那天之後，她開始自學服裝設計。省吃儉用買繪圖工具、買布料，花了很多時間在網路上看教學影片、研究設計師的作品。

起初，她的設計還很普通，繪畫技術很生疏，無法畫出生動的設計稿。她感到傷心，又覺得人生灰暗，好不容易有了夢想，但自己卻什麼也做不到。但自暴自棄只是一時的，她性格倔強的一面在此刻展現了出來，堅持花時間去學習服裝設計知識和繪畫技巧，去研究優秀的服裝設計作品，走進大自然找尋設計的靈感。

這樣堅持了一段時間後，終於某一天，一位給了她很多指點的老師向她道喜：「你開竅了。」

大學畢業後，小沈進入一家公司工作。工作之餘，她依然堅持設計服裝，利用假期到各地旅行，觀察當地人的穿衣風格和服裝特色，為自己的創作收集素材。她將旅行中看到的雄偉的雪山、絢麗的建築、不起眼的花草等融入作品，為她的作品增添了不一

樣的風采。

隨著時間的推移，小沈服裝設計水準越來越高，但她並沒有滿足於此，而是辭去了工作，全心投入服裝設計。她經歷過沒有收入的日子，也遭遇過別人的質疑和嘲笑，但她堅信自己能夠在服裝設計這條道路上闖出屬於自己的一片天地。

在設計服裝的過程中，小沈也沒有忘記自己的家鄉。她一直都記得在她家鄉深處的小村莊裡有著一群生活困難的孩子。於是，當小沈設計的服裝受到認可後，她為那群孩子設計了衣服，並為他們準備了許多生活必需品。

「曾經，我也有想過幫助他們，但那時候的我只能夠在大城市中勉強生活。但現在，我終於有能力為他們做一點什麼了。」

有些時候，我們或許都曾像曾經的小沈一樣，看到需要幫助的人總會不自覺地停下腳步，總是希望自己能夠幫助到他們什麼，但是仔細回想，發現自己能為他們做的微乎其微。

但人生就是這樣——只有先撐起自己，才能托住別人。

你得先成為自己的山，才能夠幫助更多的人。

小沈用努力與堅持站穩腳跟，然後才有餘力去擁抱更廣闊的夢、去為別人遮風擋雨。

不是每個人一開始就擁有力量，但每個人都有成為自己靠山的可能。總有一天，你會站在屬於自己的高地上，望向那片你曾經嚮往的海洋——心裡平靜而堅定。

02　從黑暗中走出來的人，才懂怎麼點燈

生命的河流總有陰霾，每個人都有可能在某段路上被困住，甚至無法呼吸。

言缽曾經走過那樣的黑暗，是那種讓人覺得，醒來本身就是負擔的日子。那時的她，每天睜開眼就像被巨石壓住胸口，沉重到無法喘息。

她對什麼都失去了興趣，連陽光都像是灰色的。這個世界在她眼中不再有色彩，只有一片單調與沉寂。

人們的問候，她聽得見，但感受不到；那些笑容、溫暖、善意，都像隔著厚厚的牆，傳不進心裡。

她試圖掙扎，試圖擺脫這無盡的痛苦，但每一次的努力都像是掉入更深的深淵。言缽開始懷疑自己存在的價值，覺得自己是這個世界的累贅。夜晚，言缽躺在床上，淚水浸濕了枕頭，卻無法向任何人傾訴內心的痛苦。

在那段黑暗的日子裡，言缽無數次想要放棄，覺得生命已經失去了意義。但也許是內心深處那一絲對光明的渴望，讓她在絕望的邊緣沒有選擇徹底沉淪。

一次在書店，她讀到了一本書，書中的一句話深深地觸動了她：「**當你凝視深淵時，深淵也在凝視你，但當你轉身面向陽光，陰影就會落在身後。**」那一刻，一些更溫柔的記憶、更明媚的思緒在她的心靈深處甦醒。

從那以後，言缽開始了抗爭。她不再把自己封閉在黑暗的角

落裡,而是努力地走出去,接觸大自然,感受陽光的溫暖、微風的輕撫。改變的過程是痛苦的,但文字的力量一點點地滋養言缽乾涸的心靈。

透過不懈的努力,言缽逐漸從心理疾病的陰影中走了出來,重新感受到了生命的美好,感受到了愛與被愛的力量。

但她沒有滿足,起身繼續前進。最後,她透過學習,成了心理諮商師,因為她也想去幫助那些和她曾經一樣深陷痛苦的人。

在言缽的諮商室裡,每位病患都有一個曲折而獨特的故事。因為工作壓力而瀕臨崩潰的白領,因為家庭問題而感到絕望的主婦,因為學業壓力而失去信心的學生……言缽聆聽著他們的哭訴,感受著他們的痛苦,然後在自己的理解和關懷中為他們注入與生活抗爭的勇氣。

言缽也會告訴他們自己的故事,不美化、不誇大,只是誠實地分享曾經的傷與癒。告訴他們「你其實很棒,這些痛苦並不是你的錯。」她陪著他們,一點一點重拾自信,重新發現生活中那些值得依靠的小確幸。漸漸地,有越來越多的人走出了陰霾,重新笑了,重新有了力量去過好每一天。

看著一個個患者走出陰霾,重新找回笑容和自信,言缽感到無比的欣慰和滿足。她知道,她所做的一切都是有意義的。

她常常送這句話給離開治療室的個案,也送給自己:

「你可以凌雲高飛,也可以拘於方寸,祝你的自由,只效忠你自己。」

徬徨時時存在,**當黑暗壓來時,我們可以選擇先成為自己的燈塔。先亮起一束光,再點亮整片海。**

很多時候預想的生活和現實的道路並不相符,當我們想要走向下一個站點,卻發現面前的路就在本站中斷。放棄是如此地輕易,未來是如此地遙不可及,可心裡會有一個聲音告訴我們:「就這樣了?我不願意。」

　　人的一生說長不長,說短不短,但足夠我們先堅定不移,再付諸努力。

03 夢想不是光想，而是日復一日的靠近

在一個普通的小鎮上，住著一位名叫小悅的女孩。她從小就喜歡大自然，對山的遼闊、樹的生機、水的清澈有著說不出的依戀。對她來說，青山綠水、藍天白雲，就是這世界最美的樣子。

有次，小朋友們你一言我一語聊著「長大後要當什麼」，有人問她：「你這麼喜歡大自然，難道想當畫家嗎？」

她想了想，畫畫她確實喜歡，但成為畫家這件事，並沒有讓她特別心動。她困惑地說：「我只是喜歡它們，我希望它們一直這麼美。」長大一點後，她才慢慢明白，「大自然有時像母親一樣溫柔，有時卻像刮骨不留情的屠夫。」她想守護這份美麗，也想保護像自己這樣對自然充滿敬畏的人們。

但那時小鎮上的人們還不知道「環保家」這種工作，也想像不出小悅要如何以此養活自己。小悅也為此感到為難，因為只靠自己撿撿垃圾、喊喊口號，不過杯水車薪，可就算她願意把以後的收入都用在保護環境上，她又能賺到多少錢，又如何養家呢？

後來，小悅發現大學有個「環境科學」的科系，才第一次有了靠近夢想的具體方向。她想：有這門學問，應該就有對應的工作吧？她不再猶豫，決定向著「更大的環保夢」出發。

整個求學階段，她勤奮刻苦，不斷充實自己的知識儲備，參與各種科學研究項目，累積實務經驗。畢業後，小悅進入了環保企業。她憑藉著紮實的專業知識和出色的工作能力，很快就在公司嶄露頭角。她親眼見證一個環保計畫落地開花，也用自己的雙

手推動了這一切的發展。

隨著事業的蒸蒸日上，小悅的經濟狀況逐漸改善，她的生活也變得穩定而豐富。於是她開始拿出一部分資源來支持環保公益，第一站便回到家鄉，與當地的志工組織一起清理河道。在她的帶動下，越來越多的人參與環保行動。

如今，小悅不再只是那個夢想「山一直這麼美」的小女孩，她的夢早已落地生根，開出了真實的花。

正如歐普拉・溫芙蕾所說：「**你必須先成為自己的光，才能照亮前行的路。**」小悅在實現環保夢想的旅程中，透過不懈的努力讓自己成為一座堅實的山峰。她之所以能一步步接近夢想，不是因為她運氣有多好，而是因為她選擇先讓自己變得夠強，成為一座可以依靠的山。

當她擁有了站穩腳步的力量，她就有餘裕去追尋心中的海洋，那片更自由、更廣闊、更遼遠的夢想之地。

很多時候，我們也像曾經的小悅一樣，對未來充滿渴望，卻困在當下的現實中。夢想太高太遠，我們卻連站穩都還不夠力。於是懷疑自己、沮喪、原地踏步。但其實，**沒有人能直接飛向夢想的月亮，唯有一步步墊高自己，才能靠近那道光。**

努力成為自己的依靠，累積足夠的能力和資本，才能有底氣去擁抱心中的夢想。**人生就像登山，一開始什麼都看不見。但只有先攀登到一定的高度，才有更廣闊的視野去發現遠方更好的風景。**

我們終將上岸，
陽光萬里

請相信，每一步前進都是朝著光明邁進。
終有一天，我們會站在陽光下，
笑看曾經的風風雨雨。

01 誰說一定要照別人畫的地圖前進

在還是學生時,很多人告訴小樂,執業醫師證照並不難考。當她真的走上這條路,失敗的打擊卻令她壓力倍增。

醫學生的時間總是如此緊張,醫生更不必提起。在執醫考試失敗後,小樂看著手機裡「住院醫師培訓一年一定要考下執醫」、「進度落後可能延誤晉升」等相關推播訊息,心中越發焦慮。

這時,她的老師安慰她:「我知道有個人考了13次都沒過,全科室都幫著想辦法,後來她去做後勤了。你一路順順利利,不會知道什麼叫受阻。失敗打亂原本的規劃,但不是什麼都完了。」

這段話讓她釋然,也讓她決定換個姿態再出發。她在朋友圈寫下:「重整旗鼓,再度出發!」

也許確實時運不濟,第二次考試,又沒過。那天室友開心出門慶祝,小樂收起失落,默默坐回書桌。她不再恐慌,也不再和別人比較。她對自己說:「心態不穩,怎麼當醫生?」

她開始做冥想式呼吸,告訴自己:「總有一天,會成功的。」

知識從來都沒有白學的,經驗不只是年齡的累積。她第三次終於考取執照,有了正式當醫生的資格。接下來,她將面臨成功留院或前往其他醫院開闢另一場戰場的挑戰。人生的下一張考卷,總會來;但她已經不怕了。

當然,醫生的職業生涯裡她還將面臨無數次的考試,對於未來會發生什麼,小樂自己也不太清楚。但她十分清楚一點,那就是每一次挑戰都不可迴避。

每一次挑戰都是成長的契機，每一次失敗都是邁向成功的步伐。保持信念，勇往直前，終將抵達那片充滿陽光的彼岸。

其實，小樂在第一次失敗後便仔細思考過，從來沒有必須「畢業後一年內通過執醫考試」、「先考試後住院醫師培訓」、「先住院醫師培訓後考試」「住院醫師培訓第一年裡通過考試」的要求，自己也大可不必為自己設限，硬要分毫不差地按照別人走過的路前進。

人生的路有千萬條，為何要按照別人指點的路硬走到底，最後撞得頭破血流萬念俱灰？每一場風雨都是人生洗禮，每一次變換車道都是奮力前進。只要走著，只要心裡還有一盞燈，那就永遠不是結束。

「山山而川，前路漫漫。」**有些路，會慢一點、繞一點，但終究會抵達。**

不需要把自己塞進別人的模子裡，不需要硬背著焦慮過生活。這世界很大，我們每個人都有自己的海岸線。

多嘗試，多選擇，勇敢地向前。

你會發現，那片屬於你的晴空，早就等在不遠的地方了。

02 學會在泥濘裡穩住腳步

「看,今天是俄羅斯的勝利日,外面好熱鬧!」

朋友葉芷傳來訊息,還附了一段影片。她現在就在俄羅斯,親身感受那個自己憧憬多年的國度。

從很早以前,葉芷非常嚮往去俄羅斯留學的生活。因此,她高考時,就特別挑了幾間有中外合作的學校,想走得離夢想近一點。但高額的學費讓她不得不放棄,只好選了一所普通大學,念了經濟管理系。

畢業後,她沒有放棄。為了靠近夢想一點點,她進入一家對俄外貿公司,從最基層的報單員做起,每天負責整理產品資訊、報價與庫存。雖然工作瑣碎,她卻像是把每一份文件都當成通往俄羅斯的門票。

她不斷練習,在耳邊繚繞著同事講俄語的聲音中學習聽力;利用上下班的時間背單字、讀文章;甚至為了校正發音,每天早晚朗讀俄語。在別人看不見的時間裡,她默默累積。

逆境是暫時的,堅持是永恆的。經過一年的努力,葉芷終於得到了她的俄語證書,也順利轉調為俄語業務員。她一邊努力工作存錢。一邊繼續利用工作便利磨練俄語聽說能力。每當看到優秀同事因工作出差到俄羅斯,她除了羨慕,更多的是在心裡暗暗告訴自己:「總有一天,也會輪到我。」

現在,她身處莫斯科,剛好遇上當地的勝利日。看著街上浩浩蕩蕩遊行的軍隊,親身體驗曾經透過書中描寫想像出來的節慶

氛圍，她的心願終於實現。

她說，當她走進克里姆林宮，欣賞這座歷史悠久的古老宮殿，站在大氣恢宏的宮殿內部回望過去的時候，發現曾經看似枯燥又平凡的日子，其實早已在為今日鋪路。

在俄羅斯一行後，葉芷只覺兒時的憧憬、少年的渴盼已經盡數滿足。她曾設想，如果始終不能如願，也許這種因對陌生國度、陌生文化的好奇而產生的願望，會成為困擾她的一種執念。但現在，她憑藉著自己的力量走進了曾經的夢境裡，滿足之餘又心生釋然。

她笑著說：「我可以開始想下一個目標了。」

夢想總在遠方閃爍，而我們要學會在泥濘裡穩住腳步。

種下一棵樹不容易。你得播種、澆水、除草，日復一日地照顧它，哪怕看不見它立刻長大。但終有一天，它會破土而出，直直地往天空長去。

孕育一個夢想也同樣如此，我們將心中的種子種下，以心血來澆灌，以努力為養分，經過時間的洗禮，才能等待樹苗長成參天大樹。

而那時，你終將在那棵理想之樹下，望見破曉的天光，沐浴萬丈的朝陽。

03 每一次撕裂,都是為了長出翅膀

「我覺得自己快要溺死了。」

妍琦因為不善於拒絕同事的請求,導致自己工作壓力過大,患上了社交恐懼症,這是她發病時的感受。

自從確診病情以後,妍琦辭去了原本的工作,回到家中幫忙打理燒烤店。有時她會騎著小電動車,迎著夏夜的微風外送烤肉。只需要交貨、說幾句簡單的話、不必社交、不必迎合,在這樣的生活裡,她感到前所未有的輕鬆與自在。

這樣的日子過了半年,妍琦的病情逐漸穩定,去醫院拿藥的頻率也逐漸降低。正當她的父母高興地以為她能重返工作崗位的時候,妍琦再一次發病了。

事情的原因是她遇見了前公司打壓她最嚴重的主管。那天對方部門的聚餐地點剛好選在她家店裡。當妍琦將餐點端上桌時,前主管一眼就認出了她,當著整桌同事的面,問她最近過得怎樣、怎麼會來燒烤店打工,還裝作關心地說:「人往高處走嘛,就算當時在公司幹不下去,也不該來當服務生啊。」

那一刻,她彷彿被整個世界淹沒。耳邊嗡嗡作響,四周的聲音像浪潮般壓過來。她渾身發抖,想伸手掏出藥卻怎麼也拿不出來,想開口卻怎樣也發不出聲音,聲帶像被什麼封住一樣。最終,她在模糊中失去意識。

醒來後,她第一眼看到的是眼角泛紅、守在床邊的媽媽,內疚之情湧上心頭。

她輕聲問：「媽，你吃飯了嗎？」

媽媽說：「你爸下樓去買飯了，等一下我們一起喝點粥。」

妍琦點點頭，有些自責地說：「媽媽，我是不是很沒用？」

媽媽沒直接回答，而是轉過頭問她：「妍琦，你知道你的名字是什麼意思嗎？」

她搖搖頭。

「是『美麗快樂的女孩』。媽媽生你的時候，只希望你健康快樂。所以只要你能每天開心，就是我心中最完美的孩子。」

人生只有一次，不值得為了別人的期待而活得委屈。

在那些真正愛你、願意守著你的人眼裡，你的價值從來不在於你做什麼工作，也不該為了迎合別人而把自己困在深淵裡。

出院後，她又回到了熟悉的生活軌道，繼續外送，過著平靜無波的日子。但每當她看到早晨人們背著包、匆匆趕往公司的身影，心裡還是會泛起一陣悸動。

她知道，她不想一輩子龜縮在父母的庇護下。她想破水而出，重新站上岸。

如今，妍琦已經逐漸克服了恐慌症，目前在一間氣氛相對和諧的公司任職。

她形容那段與病共存的日子，就像困在蛹裡拚命掙扎，努力撕開一道出口，只為看到一絲光的蝴蝶。

她說自己也不確定，是哪一刻真正走出了那道陰影。但她知道，是心底那一份「不願意就此放棄」的勇氣，一點一滴撐起了她的意志。

每一次努力掙脫束縛的瞬間，都像是心靈深處的一場微小革

命,讓她更加堅韌不拔。她逐漸敢於拒絕同事的不合理委託,面對某些客戶、主管的奇葩要求不再畏縮縮縮,也能冷靜清楚地表達自己的立場與感受;過去那些讓她心慌的場面,如今都成為她建立自信的養分。

她說,現在的自己,好像終於擁有了真正的羽翼,不再只會逃,也能選擇面對。

當最後一縷陰霾散去,迎接你的,是一場壯麗的日出。那一刻,陽光穿過雲層,灑滿大地,將整個世界染上金光。那光不只照亮了你走過的路,也溫暖了你曾經受過傷的心。你早已準備好,踏上新的旅程。這一次,不再懼怕風雨。

S 掙扎一萬次，不如勇敢一次

S14

作　　　者	大麥
責任編輯	鄭雅芳、黃文慧
封面設計	Dinner Illustration
封面插畫	Dinner Illustration
內文設計	郭麗瑜
校　　對	周貝桂

國家圖書館出版品預行編目 (CIP) 資料

掙扎一萬次,不如勇敢一次/大麥著. -- 初版. -- 新北市 : 晴好出版事業有限公司出版 : 遠足文化事業股份有限公司發行, 2025.08
257 面 ; 14.8×21 公分
ISBN 978-626-7733-22-6 (平裝)
1.CST: 自我肯定 2.CST: 生活指導
177.2　　　　　　　　　　114007720

出　　　版	晴好出版事業有限公司
總　編　輯	黃文慧
副總編輯	鍾宜君
編　　輯	胡雯琳
行銷企畫	吳孟蓉
地　　址	231023 新北市新店區民權路 108-4 號 5 樓
網　　址	https://www.facebook.com/QinghaoBook
電子信箱	Qinghaobook@gmail.com
電　　話	（02）2516-6892　　傳　真｜（02）2516-6891

發　　　行	遠足文化事業股份有限公司（讀書共和國出版集團）
地　　址	231023 新北市新店區民權路 108-2 號 9 樓
電　　話	（02）2218-1417　　傳　真｜（02）2218-1142
電子信箱	service@bookrep.com.tw
郵政帳號	19504465（戶名：遠足文化事業股份有限公司）
客服電話	0800-221-029　　團體訂購｜（02）2218-1417 分機 1124
網　　址	www.bookrep.com.tw
法律顧問	華洋法律事務所／蘇文生律師
印　　製	韋懋印刷
初版一刷	2025 年 9 月
定　　價	380 元
ＩＳＢＮ	978-626-7733-22-6（平裝）
ＥＩＳＢＮ	978-626-7733-20-2 (EPUB)
ＥＩＳＢＮ	978-626-7733-21-9 (PDF)

本作品中文繁體版透過成都天鳶文化傳播有限公司代理，經北京卓文天語文化有限公司授予晴好出版事業有限公司獨家出版發行，非經書面同意，不得以任何形式，任意重製轉載。

版權所有，翻印必究

特別聲明：有關本書中的言論內容，不代表本公司／及出版集團之立場及意見，文責由作者自行承擔。